Anna Röpfl

TEIGLIEBE

Kuchen für alle!

Brandstätter

INHALT

LASS UNS BACKEN!

Du hältst in diesem Moment endlich mein/dein eigenes Backbuch in deinen Händen – wie schön das ist!

TEIGLIEBE
Ich bin Anna, aufgewachsen auf dem Land zwischen Wald, Hühnern, meiner Kamera und dem ein oder anderen Kuchenteig. Vielleicht kennst du ja schon meinen Backblog „teigliebe". Ich habe so gut wie immer für jede/n um mich herum ein Stück Kuchen übrig, denn ich finde, dass wenig glücklicher macht als Kuchen. Da ich leider nicht immer in Kuchenreichweite bin, habe ich beschlossen, ein einfaches Backbuch für dich zu entwickeln.

SCHRITT FÜR SCHRITT BACKEN
Wie wäre es, wenn ich dir mithilfe dieses Buchs Schritt für Schritt zeigen könnte, wie du mit meinen und am Ende deinen Rezepten an den für dich perfekten Kuchen kommen könntest? Selbstverständlich ohne lange und komplizierte Zutatenlisten und so einfach und köstlich wie nur möglich. Backen ist einfacher, als du denkst. Ich zeige dir gerne, wie die Grundteige funktionieren – ganz wie du magst, traditionell oder vegan. Dann verrate ich dir zum jeweiligen Grundteig einige meiner liebsten Rezepte und anschließend möchte ich es dir leicht machen, an den für dich idealen Kuchen zu gelangen.

Ist deine Waage kaputt, du hast keinen Backofen, das Mehl ist aufgebraucht oder du besitzt kein Rührgerät – kein Problem, gemeinsam backen wir trotzdem deinen Lieblingskuchen! Während meines Kommunikationsdesign-Studiums ist die Idee für dieses Buch entstanden und pünktlich zum Ende des Studiums konnte ich sie endlich umsetzen. Ich bin mir sicher, wenn du dich einmal durch mein Buch gebacken hast, kommst du vom Backen nicht mehr so einfach los. Früher oder später hast du vielleicht auch Lust, dir eigene Rezeptideen zu überlegen.

DEINE EIGENEN REZEPTE
Neben jedem meiner Rezepte habe ich Platz gelassen: Du kannst in der rechten Spalte zu meinen Anmerkungen deine ganz persönlichen Notizen schreiben. Vielleicht schmeckt dir Rührteig mit Dinkelmehl ja viel besser als mit Weizenmehl oder du ersetzt die Eier lieber durch eine vegane Alternative. Im letzten Kapitel ist Platz für deine eigenen Kreationen. Denn gemeinsame Rezepte erschaffen, die es vorher noch nicht gab, ist doch das Schönste! Ohne dich ist das Buch einfach nur ein weiteres Backbuch. Lass uns unsere Rezepte miteinander teilen, erweitern, verändern, neu kreieren, gemeinsam backen und genießen!

DEINE ANNA

TEIG
TIPPS

TEIGLIEBE

Ich möchte es dir so einfach wie möglich machen, an wirklich guten Kuchen zu gelangen. Auf keinen Fall möchte ich dich mit komplizierten Tipps und Infos zu speziellen Backformen oder Utensilien überhäufen. Lass uns einfach Kuchen backen – und im besten Fall schmeckt er wie früher bei Oma. Dank ihrer köstlichen Backwerke, die meine vier Schwestern und ich als Kinder probieren durften, habe ich überhaupt erst meine Begeisterung fürs Backen entdeckt.

BACKUTENSILIEN

Für einfach guten Kuchen brauchst du nicht viel Equipment oder Zutaten. Dennoch möchte ich dir gerne meine Tipps und Tricks verraten, damit dir das Backen ganz sicher gelingt.

BACKFORM

Fürs Kuchenbacken verwende ich eine einfache Springform mit 26–28 cm Durchmesser, eine Kastenform mit etwa 30 cm, die ich am liebsten mit Backpapier auslege, oder eine Gugelhupfform, die ich großzügig einfette und bemehle, damit nichts kleben bleibt. Ich zeige dir aber auch viele Rezepte ohne Backform, zum Beispiel mit einem einfachen Backblech oder ofenfesten Gläsern.

VEGAN/TRADITIONELL ODER BEIDES

Viele der Rezepte funktionieren traditionell und auch vegan. Dann habe ich es entsprechend angemerkt. Manche finde ich köstlicher in der veganen oder traditionellen Variante, die empfehle ich daher auch genauso zuzubereiten. Du bist aber herzlich eingeladen, die Rezepte nach deinen ganz persönlichen Vorlieben anzupassen. In der rechten Spalte neben meinen Tipps findest du Platz für deine Notizen.
Probiere aus, was dir am besten schmeckt. Ich bin gespannt auf deine Variationen!

MEHL

Für Backrezepte verwende ich herkömmliches Weizenmehl 405, genauso gut kannst du aber auch Dinkelmehl 630 verwenden. Experimentiere gerne auch mit anderen Sorten. Als Grundregel beachte: Je höher die Zahl ist, desto vollkorniger schmeckt dein Gebäck und desto mehr Flüssigkeit benötigst du dafür. Mein Tipp: Vollkornmehl passt sehr gut zu gemahlenen Nüssen.
Ersetze anfangs erst einmal kleine Mengen Mehl. So kannst du schrittweise herausfinden, was dir am besten schmeckt, und mehr und mehr nach deinem Geschmack verändern. Am Ende des Buches gibt es Platz für deine eigenen Rezeptkreationen.

WEITERE ZUTATEN

Ich habe das große Glück, Eier vom eigenen Hof und Obst aus dem eigenen Garten für meine Rezepte verwenden zu können. Daher ist ein Ei auch mal kleiner als das andere oder ein Apfel sieht nicht ganz so makellos aus wie die aus dem Supermarkt.

Damit die Kuchen dir sicher gelingen, empfehle ich, für meine Rezepte in etwa mittelgroße Eier (Größe M) zu verwenden. Und: Nicht jeder Kuchen muss perfekt aussehen. Es zählt vielmehr der köstliche Duft, der sich in der Wohnung während des Backens verbreitet, und die Vorfreude, den Kuchen mit Freunden und Freundinnen genießen zu können!

Nimm dir ein bisschen Zeit und schau dir das Rezept(video) vor dem Loslegen in Ruhe an. Wenn du noch keine Erfahrung im Backen hast, startest du am besten mit den Grundrezepten. Damit kannst du tolle Rezepte backen!

Meine liebsten Zutaten, die jedes Gebäck aufwerten und auch in fast jedem Rezept vorkommen, sind Zimt, Vanillezucker oder auch echte Bourbon-Vanille für einen feinen Geschmack. Auch frischer Bio-Zitronen- oder -Orangenabrieb sorgt für ein tolles Aroma in deinen Kuchenkreationen.

EQUIPMENT

Für guten Kuchen, der glücklich macht, brauchst du nicht viel Equipment. Für die meisten Rezepte in diesem Buch benötigst du nur eine einfache Rührschüssel und etwas zum Verrühren. Im besten Fall ein Handrührgerät, für viele Rezepte reicht aber auch ein Schneebesen oder ein großer Löffel. Hefe- oder Mürbeteig hat meine Oma immer mit den Händen geknetet. Also machen wir das doch auch einfach so. Schmeckt wunderbar und macht so viel Freude!

BACKOFEN

Jeder Ofen ist anders. Daher gebe ich zwar Backzeiten an, empfehle aber auch unbedingt die Stäbchenprobe. Das heißt, dass du zum Ende der Backzeit mit einem Zahnstocher oder Holzstäbchen in den Kuchen stichst. Wenn beim Herausziehen nichts kleben bleibt, ist dein Kuchen fertig. Ansonsten backe ihn noch etwas weiter. Ich backe alle Kuchen bei 160 °C Heißluft und heize den Ofen vor. Ich mag Heißluft sehr, die Backergebnisse werden lecker knusprig und gleichmäßig und ich backe auch gerne mal größere Mengen, also mehrere Kuchen gleichzeitig. Das geht mit Heißluft richtig gut. Alternativ kannst du aber auch 180 °C Ober-/Unterhitze verwenden.

DAMIT DAS BACKEN SICHER GELINGT: MEINE BACKVIDEOS

Ich möchte dir Backen so einfach wie möglich näherbringen und habe daher für die Grundrezepte Videos gemacht, damit es dir noch leichter fällt, die Grundteige zu verstehen und in meine Welt des unkomplizierten Backens einzutauchen. Ich freue mich, dass ich mein Wissen mit dir teilen kann, und wünsche dir sehr viel Freude beim Backen!

Teigrezepte als Backvideos:

GRUNDTEIGE ZUBEREITEN & DIE BESTEN KUCHEN DAMIT BACKEN

traditionell & vegan ⟨ᵛᵉ⟩

RÜHRTEIG, TRADITIONELL

55 min Backzeit
15 min Zubereitung
1 Kastenform 30 cm/1 Kuchenform
Ø 26–28 cm/1 Gugelhupfform

ZUTATEN:

220 g weiche Butter
(plus Butter für die Form)
180 g Zucker
1 Pkg. Bourbon-Vanillezucker
1 TL Bio-Zitronenabrieb
5 zimmerwarme Eier
1 Prise Salz
300 g Mehl
(plus Mehl für die Form)
1 Pkg. Backpulver
ca. 130 ml zimmerwarme Milch

Für eine schön cremige Rühr–teig–Masse sollten deine Zutaten nicht direkt aus dem Kühlschrank kommen, sondern Zimmertemperatur haben.

ZUBEREITUNG:

1. Weiche Butter mit Zucker und Vanillezucker und Zitronenabrieb schaumig verrühren.

2. Eier eins nach dem anderen mit dem Salz jeweils ca. 1 Minute unterrühren.

3. Mehl und Backpulver mischen, sieben und mit der Milch zum Teig geben. Verrühren, bis eine homogene Masse entsteht.

4. Kastenform mit weicher Butter einfetten und mit Mehl bestäu-ben. Teig einfüllen, für einen einfachen Rührkuchen ca. 55 Minuten im auf 160 °C Heißluft vorgeheizten Ofen backen. Schmeckt super z.B. mit Puderzucker bestäubt, mit Schokoglasur oder Zitronen-guss. Oder ein passendes Lieblingsrezept mit traditionellem Rühr-teig auf den nächsten Seiten heraussuchen und den Teig entspre-chend verarbeiten.

Das Sieben des Mehls macht deinen Rührkuchen fluffiger und luftiger. Hast du aber kein Sieb zuhause, klappt es auch ohne!

Prüfe mit der Stäbchenprobe, ob dein Kuchen fertig gebacken ist: Steche vorsichtig einen Zahn–stocher oder ein Holzstäbchen in den Kuchen. Wenn beim He–rausziehen nichts kleben bleibt, ist dein Kuchen fertig gebacken und kann auskühlen.

Teigrezept als Backvideo:

HEIDELBEER ZITRONEN GUGELHUPF

55 min Backzeit
20 min Zubereitung
1 Gugelhupfform/
1 Kastenform 30 cm

ZUTATEN RÜHRTEIG, TRADITIONELL:

220 g weiche Butter
(plus Butter für die Form)
200 g Zucker
1 Pkg. Bourbon-Vanillezucker
Abrieb von 1 Bio-Zitrone
5 zimmerwarme Eier
1 Prise Salz
300 g Mehl
(plus Mehl für die Form)
1 Pkg. Backpulver
100 ml zimmerwarme Milch
Saft von 2 Zitronen
150 g Heidelbeeren

WEITERE ZUTATEN:

250 g Puderzucker
ca. 3–4 EL Zitronensaft
Fliederblüten für die Deko
(optional)
Heidelbeeren für die Deko

Zu diesem Kuchen passt auch der vegane Rührteig (s. S. 26) sehr gut.

Du kannst mit diesem Rezept auch einen einfachen Zitronenkuchen backen, wenn du die Heidelbeeren weglässt.

ZUBEREITUNG:

1. Weiche Butter mit Zucker, Vanillezucker und Zitronenabrieb schaumig verrühren.

2. Eier eins nach dem anderen jeweils ca. 1 Minute mit dem Salz unterrühren.

3. Mehl und Backpulver mischen, mit der Milch und Zitronensaft zum Teig geben. Verrühren, bis eine homogene Masse entsteht. Heidelbeeren waschen, abtrocknen und zum Schluss untermischen.

4. Gugelhupfform mit weicher Butter einfetten und mit Mehl bestäuben. Teig hineingeben und ca. 55 Minuten im auf 160 °C Heißluft vorgeheizten Ofen backen.

5. Kuchen abkühlen lassen. Puderzucker mit Zitronensaft vermischen, über dem Kuchen verteilen und nach Belieben noch mit Fliederblüten und weiteren Heidelbeeren dekorieren.

Wenn der Kuchen noch fluffiger werden soll, dann siebe Mehl und Backpulver!

MANDEL KUCHEN

55 min Backzeit
25 min Zubereitung
1 Gugelhupfform/
1 Kastenform 30 cm

ZUTATEN RÜHRTEIG, TRADITIONELL:

300 g gemahlene Mandeln
5 Eier
220 g weiche Butter
(plus Butter für die Form)
180 g Zucker
1 Pkg. Bourbon-Vanillezucker
1 TL Zimt
½ TL Bio-Zitronenabrieb
170 g Mehl
(plus Mehl für die Form)
1 Pkg. Backpulver
ca. 50 ml Milch
1 Prise Salz

ZUBEREITUNG:

1. Die gemahlenen Mandeln auf ein Backblech geben und im vorgeheizten Ofen bei 160 °C Heißluft ca. 10 Minuten rösten. Blech aus dem Ofen nehmen.

2. Eier trennen. Butter mit Zucker, Vanillezucker, Zimt, Zitronen-abrieb und den Eigelben einige Minuten schaumig rühren. Mehl und Backpulver sieben, mit den gemahlenen Mandeln mischen und zu-sammen mit dem Schuss Milch unter den Teig rühren.

3. Eiweiß mit der Prise Salz in einer Schüssel steif schlagen. Vor-sichtig mit einem Schneebesen unter die Masse heben. Gugelhupf- oder Kastenform großzügig einfetten, mit Mehl ausstreuen und Teig in die Form füllen. Im vorgeheizten Ofen bei 160 °C Heißluft ca. 55 Minuten backen.

Mit den gerösteten Mandeln wird der Kuchen noch aromatischer.

MARMOR SCHOKO KIRSCHKUCHEN

ca. 55–60 min Backzeit
20 min Zubereitung
1 Gugelhupfform/1 Kastenform

ZUTATEN RÜHRTEIG, TRADITIONELL:

80 g Zartbitterschokolade
220 g weiche Butter
(plus Butter für die Form)
200 g Zucker
1 Pkg. Bourbon-Vanillezucker
5 zimmerwarme Eier
1 Prise Salz
300 g Mehl
(plus Mehl für die Form)
1 Pkg. Backpulver
130 ml zimmerwarme
Milch-Sahne-Mischung
2 EL Backkakao
½ Glas Sauerkirschen, gut
abgetropft (680 g Füllmenge,
350 g Abtropfgewicht)

WEITERE ZUTATEN:

100 g Zartbitterkuvertüre
1 EL Pflanzenöl
1 Handvoll Kirschen

ZUBEREITUNG:

1. Die Schokolade schmelzen, abkühlen lassen. Die weiche Butter mit Zucker und Vanillezucker schaumig rühren. Eier eins nach dem anderen mit dem Salz unterrühren. Mehl und Backpulver zum Teig sieben, mit der Sahne-Milch abwechselnd unterrühren.

2. Teig auf 2 Schüsseln aufteilen. In die eine Hälfe Kakao und die geschmolzene Schokolade einrühren.

3. Gugelhupfform mit weicher Butter einfetten und mit Mehl bestäuben. Die Hälfte des hellen Teigs in die Form geben, dann die Hälfte des dunklen Teigs, dann die Hälfte der Kirschen, dann wieder hellen Teig, den Rest der Kirschen und wieder dunklen Teig. Einmal von oben nach unten mit einer Gabel für ein schönes Wellenmuster durch den Teig fahren. Ca. 55–60 Minuten im vorgeheizten Ofen bei 160 °C Heißluft backen.

4. Kuvertüre mit Öl schmelzen, über den abgekühlten Kuchen gießen. Mit Kirschen garniert servieren.

Durch die geschmolzene Schokolade wird der Kuchen noch schokoladiger.

Unbedingt Stäbchenprobe (s. S. 12) machen, die Backzeit variiert!

HASELNUSS PFLAUMEN KUCHEN

ZUTATEN RÜHRTEIG, TRADITIONELL:

50 g Haselnüsse, gemahlen
120 g weiche Butter
(plus Butter für die Form)
80 g Zucker
Abrieb von ½ Bio-Zitrone
2 zimmerwarme Eier
1 Prise Salz
120 g Dinkelmehl
(plus Mehl für die Form)
1 große Prise Bourbon-Vanille, gemahlen
1 große Prise Zimt
2 TL Backpulver
70 ml zimmerwarme Milch

WEITERE ZUTATEN:

ca. 6–8 Pflaumen
50 g Haselnüsse, gehackt
etwas Puderzucker

Für diesen Kuchen kannst du sehr gut auch den veganen Rührteig (s. S. 26. halbe Menge) verwenden.

Schmeckt auch mit Äpfeln köstlich!

ZUBEREITUNG:

1. Pflaumen entkernen und halbieren oder vierteln. Gemahlene Haselnüsse für 8–10 Minuten im Ofen anrösten.

2. Butter und Zucker mit Bio-Zitronenabrieb schaumig rühren. Eier eins nach dem anderen mit dem Salz unterrühren.

3. Mehl, Haselnüsse, Vanille, Zimt und Backpulver mischen und abwechselnd mit der Milch unter den Teig rühren.

4. Form mit weicher Butter einfetten und mit Mehl bestäuben. Teig einfüllen und die halbierten Pflaumen darauflegen. Mit gehackten Haselnüssen bestreuen und ca. 30 Minuten im auf 160 °C Heißluft vorgeheizten Ofen backen. 10 Minuten auskühlen lassen, dann mit Puderzucker bestreuen.

Mit den gerösteten Haselnüssen wird der Kuchen noch aromatischer.

NUSS ZUCCHINI KUCHEN

60 min Backzeit
25 min Zubereitung
1 Gugelhupfform/
1 Kastenform 30 cm

ZUTATEN RÜHRTEIG, TRADITIONELL:

100 Haselnüsse, gemahlen
80 Mandeln, gemahlen
1 Zucchini
60 g Zartbitterschokolade
220 g weiche Butter
(plus Butter für die Form)
180 g Zucker
1 Pkg. Bourbon-Vanillezucker
1 TL Bio-Zitronenabrieb
5 zimmerwarme Eier
1 Prise Salz
250 g Mehl
(plus Mehl für die Form)
1 Pkg. Backpulver

WEITERE ZUTATEN:

150 g Vollmilchkuvertüre

Durch die Zucchini wird der Kuchen extra saftig und man schmeckt das Gemüse nicht heraus!

ZUBEREITUNG:

1. Gemahlene Nüsse und Mandeln auf einem Backblech verteilen und für 8 Minuten im Ofen rösten. Zucchini raspeln und etwas abtropfen lassen. Schokolade grob hacken.

2. Weiche Butter mit Zucker, Vanillezucker und Bio-Zitronenabrieb schaumig verrühren. Eier eins nach dem anderen mit dem Salz jeweils ca. 1 Minute unterrühren.

3. Mehl, Backpulver und gemahlene Nüsse und Mandeln mischen und mit der geraspelten Zucchini zum Teig geben. Verrühren, bis eine homogene Masse entsteht. Zum Schluss die gehackte Zartbitterschokolade unterrühren.

4. Eine Gugelhupfform mit weicher Butter einfetten und mit Mehl bestäuben. Teig einfüllen. Ca. 60 Minuten im auf 160 °C Heißluft vorgeheizten Ofen backen, abkühlen lassen. Vollmilchkuvertüre über dem Wasserbad schmelzen und den Kuchen damit einstreichen.

Das Rösten der Nüsse macht den Kuchen noch aromatischer.

Stäbchenprobe machen (s. S. 12), denn wegen der Zucchini kann der Kuchen sehr saftig sein und eine et–was längere Backzeit benötigen.

GEWÜRZ SCHOKO KUCHEN

50 min Backzeit
25 min Zubereitung
1 Kastenform 30 cm/
1 Gugelhupfform

ZUTATEN RÜHRTEIG, TRADITIONELL:

120 g Zartbitterschokolade
220 g weiche Butter
(plus Butter für die Form)
180 g Zucker
1 Pkg. Bourbon-Vanillezucker
1 TL Bio-Zitronenabrieb
5 zimmerwarme Eier
1 Prise Salz
280 g Mehl
(plus Mehl für die Form)
1 Pkg. Backpulver
5 EL Backkakao
1 TL Zimt
je 1 Msp. Nelken, Muskat, Anis,
gemahlen
ca. 130 ml zimmerwarme Milch

ZUTATEN GLASUR:

130 g Zartbitterschokolade
1 EL Butter

Für einen einfachen Schoko–
kuchen kannst du die Gewürze
auch weglassen!

ZUBEREITUNG:

1. Zartbitterschokolade vorsichtig über einem Wasserbad zum Schmelzen bringen und einige Minuten abkühlen lassen. Butter mit Zucker, Vanillezucker und Zitronenabrieb schaumig verrühren.

2. Eier eins nach dem anderen mit dem Salz jeweils ca. 1 Minute unterrühren. Geschmolzene Schokolade unterrühren.

3. Mehl, Backpulver, Kakao und Gewürze mischen, sieben und mit Milch zum Teig geben. Verrühren, bis eine homogene Masse entsteht.

Das Sieben des Mehls macht deinen Rürkuchen fluffiger und luftiger. Wenn du aber kein Sieb zuhause hast, klappt es auch ohne!

4. Form mit weicher Butter einfetten und mit Mehl bestäuben. Teig hineingeben und ca. 50 Minuten im auf 160 °C Heißluft vorgeheizten Ofen backen. Ca. 10 Minuten in der Form auskühlen lassen, dann vorsichtig stürzen und weitere 15 Minuten abkühlen lassen.

5. Für die Glasur alle Zutaten in einem Topf über dem Wasserbad unter Rühren zum Schmelzen bringen. Über den Kuchen gießen.

RÜHRTEIG, VEGAN

 OHNE RÜHRGERÄT

 VEGAN

45–50 min Backzeit
10 min Zubereitung
1 Kastenform 30 cm/1 Kuchenform
Ø 26–28 cm/1 Gugelhupfform

ZUTATEN:

380 g Mehl
(plus Mehl für die Form)
1 Pkg. Backpulver
200 g Zucker
1 Pkg. Bourbon-Vanillezucker
Prise Salz
150 ml neutrales Öl
200 ml Hafermilch
150 ml sprudeliges Mineralwasser
(weiche vegane Butter für die Form)

ZUBEREITUNG:

1. In einer Schüssel zuerst die trockenen Zutaten (Mehl, Backpulver, Zucker, Vanillezucker, Salz) vermischen.

2. Dann die flüssigen Zutaten (Öl, Hafermilch, Mineralwasser) hinzugeben und mit einem großen Löffel/Schneebesen oder ganz kurz mit dem Handrührgerät durchrühren.

3. Kastenform mit weicher veganer Butter einfetten und mit Mehl bestäuben. Teig einfüllen und für einen einfachen Rührkuchen im auf 160 °C Heißluft vorgeheizten Ofen 45–50 Minuten backen. Etwas abkühlen lassen und erst dann aus der Form stürzen. Schmeckt super mit Puderzucker oder Zitronenglasur. Oder auf den nächsten Seiten ein passendes Lieblingsrezept heraussuchen und den Teig entsprechend verarbeiten.

Beim veganen Rührteig unbedingt darauf achten, alles nur kurz miteinander zu verrühren, damit dein Teig schön fluffig bleibt!

Prüfe mit der Stäbchenprobe, ob dein Kuchen fertig gebacken ist: Steche vorsichtig einen Zahnstocher oder ein Holzstäbchen in den Kuchen. Wenn beim Herausziehen nichts kleben bleibt, ist dein Kuchen fertig gebacken und kann auskühlen.

Teigrezept als Backvideo:

SCHOKO ORANGEN KUCHEN

 OHNE RÜHRGERÄT

 VEGAN

45–50 min Backzeit
15 min Zubereitung
1 Kastenform 30 cm/
1 Gugelhupfform

ZUTATEN RÜHRTEIG, VEGAN:

80 g vegane Zartbitterschokolade
380 g Mehl
(plus Mehl für die Form)
1 Pkg. Backpulver
200 g Zucker
1 Pkg. Bourbon-Vanillezucker
1 Prise Salz
Abrieb von ½ Bio-Orange
150 ml geschmacksneutrales Öl
150 ml sprudeliges Mineralwasser
200 ml Orangensaft
(vegane weiche Butter für die Form)

WEITERE ZUTATEN:

100 g vegane Zartbitter-
kuvertüre
Orangenzesten
zum Dekorieren

ZUBEREITUNG:

1. Schokolade grob raspeln oder in kleine Stücke brechen. In einer Schüssel zuerst die trockenen Teigzutaten (Mehl, Backpulver, Zucker, Vanillezucker, Salz und Orangenabrieb) vermischen.

2. Dann die flüssigen Zutaten (Öl, Mineralwasser und Orangensaft) hinzugeben und alles mit einem großen Löffel/Schneebesen oder ganz kurz mit dem Handrührgerät durchrühren. Zum Schluss die Schokolade unterrühren.

3. Kastenform mit weicher veganer Butter einfetten und mit Mehl bestäuben. Teig einfüllen, im auf 160 °C Heißluft vorgeheizten Ofen ca. 45–50 Minuten backen.

4. Etwas abkühlen lassen und erst dann aus der Form stürzen. Für die Glasur Zartbitterkuvertüre langsam über einem Wasserbad erhitzen und anschließend auf den abgekühlten Kuchen mit einem Pinsel verteilen. Mit Orangenzesten dekorieren.

Nicht zu lange rühren, dann wird dein Kuchen wunderbar fluffig!

KOKOS SCHOKO GUGELHUPF

 OHNE RÜHRGERÄT

 VEGAN

55 min Backzeit
15 min Zubereitung
1 Gugelhupfform/
1 Kastenform 30 cm

ZUTATEN RÜHRTEIG, VEGAN:

350 g Mehl
(plus Mehl für die Form)
50 g Kokosraspeln
200 g Zucker
1 Pkg. Bourbon-Vanillezucker
1 Pkg. Backpulver
1 Prise Salz
Abrieb von 1 Bio-Zitrone
400 ml Kokosmilch
Saft von 2 Zitronen
(vegane weiche Butter für die Form)

ZUTATEN GLASUR & DEKO:

150 g vegane weiße Kuvertüre
30 g Kokosraspeln

ZUBEREITUNG:

1. Zuerst die trockenen Zutaten (Mehl, Kokosraspeln, Zucker, Vanillezucker, Backpulver, Salz und Zitronenabrieb) in einer Schüssel vermischen.

2. Die flüssigen Zutaten (Kokosmilch und Zitronensaft) hinzufügen.

3. Mit einem großen Löffel, Schneebesen oder einem Handrührgerät alles kurz gut miteinander vermischen.

4. Gugelhupfform einfetten und bemehlen. Teig einfüllen und im vorgeheizten Backofen bei 160 °C Heißluft ca. 55 Minuten backen.

5. Kuchen abkühlen lassen. Kuvertüre über einem Wasserbad langsam schmelzen und dann über dem Kuchen verteilen.
Mit Kokosraspeln dekorieren.

Nicht zu lange rühren, dann wird dein Kuchen wunderbar fluffig!

KAROTTEN KUCHEN MIT FROSTING

 OHNE RÜHRGERÄT

 VEGAN

55 min Backzeit
10 min Zubereitung
1 Kastenform 30 cm/
1 Gugelhupfform

ZUTATEN RÜHRTEIG, VEGAN:

300 g Karotten
200 g Mehl
(plus Mehl für die Form)
1 Pkg. Backpulver
150 g Zucker
½ TL Bourbon-Vanillezucker
1 Prise Salz
Abrieb von ½ Bio-Zitrone
1,5 TL Zimt
180 g gemahlene Nüsse (Mandeln
und Haselnüsse gemischt)
150 g neutrales Öl
Saft von ½ Bio-Zitrone
100 g sprudeliges Mineralwasser
(vegane weiche Butter für die Form)

ZUTATEN FROSTING UND DEKO:

200 g veganer Frischkäse
50 g Puderzucker
1 EL Bourbon-Vanillezucker
1 EL Zitronensaft
nach Belieben essbare Blüten
und Kräuter für die Deko

Wenn du etwas mehr Zeit hast,
dann gebe die gemahlenen Nüsse
vor dem Backen auf ein Backblech
und röste sie für 8 Minuten bei
160 °C Heißluft für ein besonders
nussiges Aroma!

ZUBEREITUNG:

1. Karotten schälen und fein raspeln. In einer Schüssel zuerst die trockenen Teigzutaten (Mehl, Backpulver, Zucker, Vanillezucker, Salz, Zitronenabrieb, Zimt und Nüsse) vermischen.

2. Öl, geraspelte Karotten, Zitronensaft und Mineralwasser hinzugeben und alles kurz mit einem Schneebesen verrühren.

3. Kastenform mit weicher veganer Butter einfetten und mit Mehl bestäuben. Teig einfüllen und für ca. 55 Minuten im auf 160 °C Heißluft vorgeheizten Backofen backen.

4. In der Form abkühlen lassen. Anschließend veganen Frischkäse mit Puderzucker, Vanillezucker und Zitronensaft verrühren, auf den Kuchen streichen. Kuchen kühlen und vor dem Servieren nach Belieben mit essbaren Blüten und Kräutern dekorieren.

KÜRBIS MARMOR KUCHEN

 VEGAN

50–55 min Backzeit
20 min Zubereitung
1 Kastenform 30 cm/
1 Gugelhupfform

ZUTATEN KÜRBIS-RÜHRTEIG, VEGAN:

250 g Kürbispüree (ca. ½
kleiner Hokkaido-Kürbis)
380 g Mehl
1 Pkg. Backpulver
200 g Zucker
1 Pkg. Bourbon-Vanillezucker
1 Prise Salz
¼ TL Bourbon-Vanille, gemahlen
2 TL Zimt
80 ml neutrales Pflanzenöl
120 ml Hafermilch
ca. 80 ml sprudeliges
Mineralwasser

WEITERE ZUTATEN:

30 g Backkakao
50 ml Hafermilch
100 g vegane Zartbitter-schokolade

ZUBEREITUNG:

1. Zuerst das Kürbispüree zubereiten: Kürbis waschen, entkernen und in kleine Stücke schneiden. Mit etwas Wasser im Topf ca. 20 Minuten vorsichtig köcheln lassen. Mit einem Pürierstab mixen, 250 g abwiegen und kühlstellen.

2. In einer Schüssel zuerst die trockenen Teigzutaten vermischen (Mehl, Backpulver, Zucker, Vanillezucker, Salz, Vanille und Zimt). Dann alle flüssigen Zutaten (Öl, Hafermilch, Mineralwasser und Kürbispüree) hinzugeben und nochmal kurz durchrühren.

3. Teig auf 2 Schüsseln aufteilen. In die eine Hälfte den Kakao mit Hafermilch unterrühren, die Zartbitterschokolade grob hacken und untermischen.

4. Kastenform mit Backpapier auslegen. Die beiden Kuchenmassen löffelweise abwechselnd einfüllen, am Ende mit einer Gabel ein spiralförmiges Muster durch den Teig ziehen. Im vorgeheizten Backofen bei 160 °C ca. 50–55 Minuten backen. Kuchen in der Form 1 Stunde abkühlen lassen.

Damit dein veganer Rührkuchen schön fluffig wird, rühre den Teig nicht allzu lange, auch ein Schneebesen ist ausreichend zum Verrühren deines Teiges.

MÜRBETEIG, TRADITIONELL & VEGAN

 OHNE RÜHRGERÄT

 VEGAN MÖGLICH

45 min Kühlzeit
15 min Zubereitung
1 Kuchenform Ø 26–28 cm

ZUTATEN:

250 g Mehl
80 g Zucker
1 Prise Salz
1 Pkg. Bourbon-Vanillezucker
150 g kalte (vegane) Butter
ca. 40 ml kaltes Wasser

Für die vegane Variante nimm vegane Butter.

ZUBEREITUNG:

1. Das Mehl mit Zucker, Salz und Vanillezucker in eine Schüssel geben, die kalte Butter in Stückchen darauf verteilen.

2. Mit den Händen zu einem krümeligen Teig verarbeiten.

3. Wasser portionsweise hinzufügen. Wenn der Teig gerade so zusammenhält, ist er perfekt. In Folie einwickeln und für ca. 45 Minuten in den Kühlschrank stellen.

4. Auf den nächsten Seiten ein passendes Lieblingsrezept mit Mürbeteig heraussuchen und backen!

Der Teig mag dir etwas „krümelig" erscheinen, das ist richtig so. Knete nicht allzu lange. Wichtig ist vor allem die Kühlzeit. Danach kannst du den Teig nochmals kurz durchkneten und ihn wunderbar zu deinem Lieblingskuchen weiterverarbeiten.

Teigrezept als
Backvideo:

ZWETSCHGEN PIE

45 min Backzeit
20 min Zubereitung
1 Kuchenform Ø 26–28 cm

ZUTATEN MÜRBETEIG:

250 g Mehl
(plus Mehl zum Arbeiten)
80 g Zucker
1 Prise Salz
1 Pkg. Bourbon-Vanillezucker
150 g (vegane) kalte Butter
ca. 40 ml kaltes Wasser

ZUTATEN FÜLLUNG:

1 kg Zwetschgen
1 TL Zimt
2 EL brauner Zucker
½ TL Bourbon-Vanille,
gemahlen
3 EL Speisestärke

Für die vegane Variante nimm vegane Butter.

Du kannst je nach Saison auch anderes Obst statt Zwetschgen verwenden, z.B. Aprikosen oder Äpfel.

ZUBEREITUNG:

1. Das Mehl mit Zucker, Salz und Vanillezucker in eine Schüssel geben, die kalte Butter in Stückchen darauf verteilen.

2. Mit den Händen zu einem krümeligen Teig verarbeiten.

3. Wasser portionsweise hinzufügen. Wenn der Teig gerade so zusammenhält, ist er perfekt. In Folie einwickeln und ca. 45 Minuten in den Kühlschrank stellen.

4. Für die Füllung die Zwetschgen waschen, entkernen und vierteln, mit Zimt, braunem Zucker und Vanille in einen Topf geben und zum Köcheln bringen. Speisestärke mit ca. 8 EL Wasser anrühren, zu den köchelnden Zwetschgen geben und unter ständigem Rühren ca. 10 Minuten köcheln lassen. Vom Herd nehmen und etwas abkühlen lassen.

5. Etwas weniger als die Hälfte des Teiges auf der bemehlten Arbeitsfläche auf die Größe der Form ausrollen und in die Form legen. Übrigen Teig ebenfalls ausrollen und in möglichst gleich große Streifen schneiden.

6. Zwetschgenfüllung auf dem Teig verteilen und die Streifen darauflegen, sodass ein gitterartiges Muster entsteht. Ca. 45 Minuten im vorgeheizten Ofen bei 160 °C Heißluft backen. Vor dem Anschneiden mindestens 30 Minuten abkühlen lassen.

Wenn der Kuchen nicht vegan sein muss, streiche vor dem Backen für eine extra schöne Farbe das Gittermuster oben mit Ei–Milch oder –Sahne ein.

RHABARBER MANDEL KUCHEN

60 min Backzeit
25 min Zubereitung
1 Kuchenform Ø 26–28 cm

ZUTATEN MÜRBETEIG, TRADITIONELL:

250 g Mehl
80 g Zucker
1 Prise Salz
1 Pkg. Bourbon-Vanillezucker
150 g kalte Butter
ca. 40 ml kaltes Wasser

ZUTATEN FÜLLUNG:

ca. 450 g Rhabarber
200 ml Sahne
120 g Butter
120 g Zucker
1 Ei
Abrieb von 1 Bio-Zitrone
90 g Mehl
70 g Mandeln, gehobelt

Statt Rhabarber kannst du auch z.B. Äpfel nehmen.

ZUBEREITUNG:

1. Das Mehl mit Zucker, Salz und Vanillezucker in eine Schüssel geben, die kalte Butter in Stückchen darauf verteilen.

2. Mit den Händen zu einem krümeligen Teig verarbeiten.

3. Wasser portionsweise hinzufügen. Wenn der Teig gerade so zusammenhält, ist er perfekt. In Folie einwickeln und für ca. 45 Minuten in den Kühlschrank stellen.

4. Rhabarber vorbereiten: waschen, grob schälen und in ca. 2 cm große Stücke schneiden. Sahne halbsteif schlagen, kalt stellen.

5. Mürbeteig ausrollen und eine mit Backpapier ausgelegte Form damit auslegen. Dabei einen 3 cm hohen Rand formen.

6. Füllung zubereiten: Butter mit Zucker, Ei und Zitronenabrieb schnell verrühren. Mehl hinzufügen und anschließend die halbsteif geschlagene Sahne zügig unterheben. Rhabarberstücke auf den Mürbeteig geben, die Füllung darauf verteilen. Mit gehobelten Mandeln bestreuen.

7. Im auf 160 °C Heißluft vorgeheizten Ofen ca. 60 Minuten backen (bei Bedarf etwas länger, dann mit Backpapier abdecken). Ca. 15 Minuten in der Form abkühlen lassen, dann vorsichtig aus der Form lösen.

APRIKOSEN STREUSEL KUCHEN

 OHNE RÜHRGERÄT

VEGAN MÖGLICH

50 min Backzeit
20 min Zubereitung
1 Kuchenform Ø 26–28 cm

ZUTATEN MÜRBETEIG:

250 g Mehl
80 g Zucker
1 Prise Salz
1 Pkg. Bourbon-Vanillezucker
150 g kalte (vegane) Butter
ca. 40 ml kaltes Wasser

AUSSERDEM:

ca. 750 g Aprikosen

ZUTATEN STREUSEL:

70 g weiche (vegane) Butter
70 g Zucker
100 g Mehl
1 Msp. Bourbon-Vanille, gemahlen
1 Prise Zimt
1 große Prise Salz

Für die vegane Variante nimm vegane Butter.

Schmeckt je nach Saison auch mit anderem Obst wunderbar.

ZUBEREITUNG:

1. Das Mehl mit Zucker, Salz und Vanillezucker in eine Schüssel geben, die kalte Butter in Stückchen darauf verteilen.

2. Mit den Händen zu einem krümeligen Teig verarbeiten.

3. Wasser portionsweise hinzufügen. Wenn der Teig gerade so zusammenhält, ist er perfekt. In Folie einwickeln und für ca. 45 Minuten in den Kühlschrank stellen.

4. Die Hälfte des Teiges etwas kleiner als die Kuchenform ausrollen, in die mit Backpapier ausgelegte Form legen, mit den Fingern andrücken. Den übrigen Teig zu einer langen Rolle formen, als Rand auf den Teigboden legen und an die Form drücken, sodass ein Teigrand entsteht.

5. Für die Streusel alle Zutaten miteinander verkneten.

6. Aprikosen waschen, entkernen, halbieren und auf den Boden legen. Streusel darauf verteilen und Kuchen im auf 160 °C Heißluft vorgeheizten Ofen ca. 50 Minuten backen.

MOHN STREUSEL KUCHEN

70 min Backzeit
35 min Zubereitung
1 Kuchenform Ø 26–28 cm

ZUTATEN MÜRBETEIG, TRADITIONELL:

250 g Mehl
80 g Zucker
1 Prise Salz
1 Pkg. Bourbon-Vanillezucker
150 g kalte Butter
ca. 40 ml kaltes Wasser

ZUTATEN STREUSEL:

80 g weiche Butter
70 g Zucker
100 g Mehl
1 Msp. Bourbon-Vanille, gemahlen
1 Prise Zimt
1 große Prise Salz

ZUTATEN MOHNFÜLLUNG:

1 l Milch
180 g Zucker
½ TL Zimt
½ TL Bio-Zitronenabrieb
2 EL Speisestärke
1 Pkg. Bourbon-Vanillezucker
1 große Msp. Bourbon-Vanille, gemahlen
200 g Mohn, gemahlen
100 g Weichweizengrieß
2 Eier
1 Prise Salz

ZUBEREITUNG:

1. Das Mehl mit Zucker, Salz und Vanillezucker in eine Schüssel geben, die kalte Butter in Stückchen darauf verteilen.

2. Mit den Händen zu einem krümeligen Teig verarbeiten.

3. Wasser portionsweise hinzufügen. Wenn der Teig gerade so zusammenhält, ist er perfekt. In Folie einwickeln und für ca. 45 Minuten in den Kühlschrank stellen.

4. Für die Streusel alle Zutaten miteinander verkneten. Für die Füllung Milch mit Zucker, Zimt, Abrieb, Stärke, Vanillezucker und Vanille aufkochen. Nach ein paar Minuten Mohn und Grieß hinzugeben und unter ständigem Rühren mit dem Schneebesen 2 Minuten köcheln lassen.

5. Vom Herd nehmen, in eine Schüssel füllen, ca. 10 Minuten abkühlen lassen. Eier trennen und die Eigelb unterrühren. Weitere 10 Minuten abkühlen lassen. Eiweiß mit Salz steif schlagen, vorsichtig unterheben.

6. Hälfte des Teiges etwas kleiner als die Kuchenform ausrollen, in die mit Backpapier ausgelegte Form legen und mit den Fingern andrücken. Restteig zu einer langen Rolle formen, als Rand auf den Teigboden legen und an die Form drücken, sodass ein ca. 3 cm hoher Rand entsteht. Mohnmasse daraufgeben, Streusel darauf verteilen. Kuchen im auf 160 °C Heißluft vorgeheizten Ofen ca. 70 Minuten backen.

Dank des steif geschlagenen Eiweiß wird die Masse extra fluffig!

GEDECKTER APFELKUCHEN

45 min Backzeit
15 min Zubereitung
1 Kuchenform Ø 26–28 cm

ZUTATEN MÜRBETEIG:

250 g Mehl
(plus Mehl zum Arbeiten)
80 g Zucker
1 Prise Salz
1 Pkg. Bourbon-Vanillezucker
150 g (vegane) kalte Butter
ca. 40 ml kaltes Wasser

ZUTATEN FÜLLUNG:

ca. 800 g Äpfel
ca. 2 EL Zitronensaft
1 TL Zimt
½ TL Bourbon-Vanille,
gemahlen

optional (nicht vegan):
1 Eigelb
2 EL Milch

Für die vegane Variante nimm vegane Butter.

ZUBEREITUNG:

1. Das Mehl mit Zucker, Salz und Vanillezucker in eine Schüssel geben, die kalte Butter in Stückchen darauf verteilen.

2. Mit den Händen zu einem krümeligen Teig verarbeiten.

3. Wasser portionsweise hinzufügen. Wenn der Teig gerade so zusammenhält, ist er perfekt. In Folie einwickeln und für ca. 45 Minuten in den Kühlschrank stellen.

4. Für die Füllung die Äpfel waschen, entkernen und in kleine Stücke schneiden, sofort mit Zitronensaft, Zimt und Vanille vermischen.

5. Ca. die Hälfte des Teiges auf der bemehlten Arbeitsfläche etwas kleiner als die Form ausrollen, in die mit Backpapier ausgelegte Form geben, mit den Fingern festdrücken. Apfelmasse darauf verteilen. Übrigen Teig mit Ausstechern oder z.B. einem kleinen Glas ausstechen und darauflegen. Optional Eigelb mit Milch verrühren, den Teig damit einstreichen. Ca. 45 Minuten bei 160 °C Heißluft im vorgeheizten Ofen backen.

ZWETSCHGEN KÄSE-GRIESS KUCHEN

70–80 min Backzeit
35 min Zubereitung
1 Kuchenform Ø 26–28 cm

ZUTATEN MÜRBETEIG, TRADITIONELL:

250 g Mehl
80 g Zucker
1 Prise Salz
1 Pkg. Bourbon-Vanillezucker
150 g kalte Butter
ca. 40 ml kaltes Wasser

ZUTATEN STREUSEL:

80 g weiche Butter
70 g Zucker
70 g Mehl
50 g Mandeln, gemahlen
1 Msp. Bourbon-Vanille, gemahlen
1 Prise Zimt
1 große Prise Salz

ZUTATEN KÄSE-GRIESS-MASSE:

125 g weiche Butter
180 g Zucker
1 Pkg. Bourbon-Vanillezucker
½ TL Bio-Zitronenabrieb
3 Eier
1 Prise Salz
200 g Crème fraîche
1 kg Magerquark
70 g Grieß
1 Pkg. Vanillepuddingpulver
Saft von ½ Zitrone

AUSSERDEM:

ca. 700 g Zwetschgen

Du kannst je nach Saison auch anderes Obst verwenden, z.B. Aprikosen oder Johannisbeeren.

ZUBEREITUNG:

1. Das Mehl mit Zucker, Salz und Vanillezucker in eine Schüssel geben, die kalte Butter in Stückchen darauf verteilen.

2. Mit den Händen zu einem krümeligen Teig verarbeiten.

3. Wasser portionsweise hinzufügen. Wenn der Teig gerade so zusammenhält, ist er perfekt. In Folie einwickeln und für ca. 45 Minuten in den Kühlschrank stellen.

4. Für die Streusel alle Zutaten miteinander verkneten. Für die Käsegrießmasse Butter mit Zucker, Vanillezucker und Zitronenabrieb schaumig rühren. Eier nach und nach mit dem Salz hinzufügen und mit den restlichen Zutaten verrühren.

5. Zwetschgen entkernen und halbieren. Ca. die Hälfte des Teigs etwas kleiner als die Form ausrollen, in die mit Backpapier ausgelegte Form legen, mit den Fingern andrücken. Übrigen Teig zu einer langen Rolle formen, als Rand auf den Boden legen und an die Form drücken, sodass ein 3 cm hoher Rand entsteht. Käsekuchenmasse daraufgeben, mit Zwetschgen belegen, mit Streuseln bestreuen, ca. 70–80 Minuten im vorgeheizten Ofen bei 160 °C Heißluft backen.

KÜRBIS KÄSE KUCHEN

70 min Backzeit
35 min Zubereitung
1 Kuchenform Ø 26–28 cm

ZUTATEN MÜRBETEIG, TRADITIONELL

250 g Mehl
80 g Zucker
1 Prise Salz
1 Pkg. Bourbon-Vanillezucker
150 g kalte Butter
ca. 40 ml kaltes Wasser

ZUTATEN FÜLLUNG:

400 g Kürbispüree (ca.
1 kleiner Hokkaido-Kürbis)
600 g Magerquark
1 Becher Schmand
4 Eier
2 EL Mehl
180 g Zucker
2 Pkg. Bourbon-Vanillezucker
1–2 TL Zimt
nach Belieben je 1 Prise
Piment und Muskat
Abrieb von ½ Bio-Zitrone

Du kannst auch mehr Kürbispüree zubereiten, es einige Tage
im Kühlschrank lagern und dann
auch mein anderes Kürbisrezept
(s. S. 34) backen!

ZUBEREITUNG:

1. Für das Kürbispüree Kürbis waschen, entkernen und klein schneiden. Mit etwas Wasser im Topf ca. 20 Minuten vorsichtig köcheln
lassen. Mit einem Pürierstab mixen, 400 g abwiegen und kühlstellen.

2. Das Mehl mit Zucker, Salz und Vanillezucker in eine Schüssel
geben, die kalte Butter in Stückchen darauf verteilen.

3. Mit den Händen zu einem krümeligen Teig verarbeiten.

4. Wasser portionsweise hinzufügen. Wenn der Teig gerade so zusammenhält, ist er perfekt. In Folie einwickeln und für ca. 45 Minuten in den Kühlschrank stellen.

5. Ca. die Hälfte des Teigs etwas kleiner als die Form ausrollen, in
die mit Backpapier ausgelegte Form legen, mit den Fingern andrücken. Übrigen Teig zu einer langen Rolle formen, als Rand auf den
Boden legen und an die Form drücken, sodass ein 3 cm hoher Rand
entsteht.

6. Alle Zutaten für die Füllung in einer großen Schüssel gut verrühren. Auf dem Boden verteilen, glattstreichen und den Kuchen im vorgeheizten Backofen für ca. 70 Minuten bei 160 °C Heißluft backen.

7. Kuchen auskühlen lassen. Vor dem Genießen für ein paar Stunden
im Kühlschrank lagern.

Vergiss die Stäbchenprobe
(s. S. 12) nicht, da deine Backzeit je nach Backofen bei diesem
Kuchen sehr variieren kann.

PUDDING HIMBEER TARTELETTES

 OHNE RÜHRGERÄT

 VEGAN MÖGLICH

15 min Backzeit
30 min Zubereitung
ca. 8–10 Mini–Tarteletteförmchen
Ø 10 cm

ZUTATEN MÜRBETEIG, VEGAN:

250 g Mehl
(plus Mehl zum Arbeiten und für die Förmchen)
80 g Zucker
1 Prise Salz
1 Pkg. Bourbon-Vanillezucker
150 g kalte (vegane) Butter
(plus Butter für die Förmchen)
ca. 40 ml kaltes Wasser

ZUTATEN PUDDINGFÜLLUNG:

1 Pkg. Vanillepuddingpulver
30 g Zucker
1 Pkg. Bourbon-Vanillezucker
450 ml Sojamilch

AUSSERDEM:

ca. 200 g Himbeeren
ca. 50 g Puderzucker

ZUBEREITUNG:

1. Zuerst die Puddingfüllung zubereiten: Puddingpulver, Zucker, Vanillezucker und 6 EL der Sojamilch verrühren. Rest Sojamilch unter Rühren erhitzen. Wenn sie zu kochen beginnt, die Puddingpulver-Zucker-Mischung mit einem Schneebesen einrühren, 2 Minuten unter Rühren köcheln. Vom Herd nehmen, in eine Schüssel füllen, mit Frischhaltefolie bedeckt mindestens 3 Stunden abkühlen lassen.

2. In der Zwischenzeit den Teig für die Tartelettes zubereiten. Dafür das Mehl mit Zucker, Salz und Vanillezucker in eine Schüssel geben, die kalte Butter in Stückchen darauf verteilen.

3. Mit den Händen zu einem krümeligen Teig verarbeiten, dabei das Wasser portionsweise dazugeben.

4. Wenn der Teig gerade so zusammenhält, ist er perfekt. In Folie einwickeln und für ca. 45 Minuten in den Kühlschrank stellen.

5. Tartelettes-Förmchen buttern und bemehlen. Mürbeteig auf der leicht bemehlten Arbeitsfläche ca. 5 mm dünn ausrollen. Förmchen darauf egen, den Teig ausstechen und mit den Fingern in die Förmchen hineindrücken. Mit einer Gabel einstechen und im auf 160 °C Heißluft vorgeheizten Ofen 15 Minuten backen. Herausnehmen, abkühlen lassen.

6. Pudding ein paar Minuten mit einem Handrührgerät oder Schneebesen gut durchrühren. Mit einem Löffel auf den Tartelettes verteilen. Beeren verlesen und darauflegen. Mit Puderzucker bestreuen.

Für die vegane Variante nimm vegane Butter.

Die Frischhaltefolie verhindert, dass sich eine Haut auf dem Pudding bildet.

APFEL BIENENSTICH KUCHEN

70 min Backzeit
35 min Zubereitung
1 Kuchenform Ø 26–28 cm

ZUTATEN MÜRBETEIG, TRADITIONELL:

250 g Mehl
80 g Zucker
1 Prise Salz
1 Pkg. Bourbon-Vanillezucker
150 g kalte Butter
ca. 40 ml kaltes Wasser

ZUTATEN MANDELKRUSTE:

80 g Butter
80 g Zucker
80 g Sahne
150 g gehobelte Mandeln

ZUTATEN FÜLLUNG:

ca. 550 g Äpfel
250 g Schmand
150 g Crème fraîche
3 Eier
70 g Zucker
1 EL Speisestärke
1 Pkg. Bourbon-Vanillezucker
1 TL Bio-Zitronenabrieb
1 EL Zitronensaft

ZUBEREITUNG:

1. Das Mehl mit Zucker, Salz und Vanillezucker in eine Schüssel geben, die kalte Butter in Stückchen darauf verteilen.

2. Mit den Händen zu einem krümeligen Teig verarbeiten.

3. Wasser portionsweise hinzufügen. Wenn der Teig gerade so zusammenhält, ist er perfekt. In Folie einwickeln und für ca. 45 Minuten in den Kühlschrank stellen.

4. Hälfte des Teiges etwas kleiner als die Form ausrollen, in die mit Backpapier ausgelegte Form legen, mit den Fingern andrücken. Restteig zu einer langen Rolle formen, als Rand auf den Teigboden legen und an die Form drücken, sodass ein Rand entsteht.

5. Füllung zubereiten: Äpfel schälen, vierteln und in dünne Scheiben schneiden. Die Apfelscheiben in die Form legen. Alle restlichen Zutaten für die Füllung gut verrühren, über den Äpfeln verteilen. Für ca. 30 Minuten bei 160 °C Heißluft im vorgeheizten Ofen backen.

6. Währenddessen für die Kruste Butter und Zucker in einer Pfanne zerlassen, Sahne unter Rühren hinzufügen, bei mittlerer Hitze köcheln lassen, bis die Masse dicklich wird. Mandeln unterrühren. Masse auf dem vorgebackenen Teig verteilen. Auf 150 °C reduzieren, Kuchen ca. 40 Minuten weiterbacken. In der Form erkalten lassen.

WINTERLICHER LINZERKUCHEN

 OHNE RÜHRGERÄT

VEGAN MÖGLICH

45 min Backzeit
20 min Zubereitung
1 Kuchenform Ø 26–28 cm

ZUTATEN MÜRBETEIG:

150 g Mehl
(plus Mehl zum Arbeiten)
2 TL Kakao
2 TL Zimt
150 g gemahlene Haselnüsse
90 g Zucker
1 Prise Salz
1 große Prise Bourbon-Vanille,
gemahlen
180 g (vegane) Butter
ca. 50 ml kaltes Wasser

WEITERE ZUTATEN:

250 g Himbeermarmelade
etwas Puderzucker

Für die vegane Variante nimm
vegane Butter.

ZUBEREITUNG:

1. Mehl, Kakao, Zimt und gemahlene Haselnüsse mit dem Zucker, Salz und Vanille in eine Schüssel geben, die kalte Butter in Stückchen darauf verteilen und nach und nach das kalte Wasser hinzugeben.

2. Mit den Händen oder dem Handrührgerät zu einem krümeligen Teig verarbeiten.

3. Wasser portionsweise hinzufügen. Wenn der Teig gerade so zusammenhält, ist er perfekt. In Folie einwickeln und für ca. 1 Stunde in den Kühlschrank stellen.

4. Teig aus dem Kühlschrank nehmen, etwas mehr als die Hälfte auf der bemehlten Arbeitsfläche ausrollen. In die mit Backpapier ausgelegte Form geben, mit den Fingern festdrücken und einen Rand formen. Himbeermarmelade etwas glattrühren und daraufgeben. Übrigen Teig mit weihnachtlichen Ausstechern ausstechen und darauflegen. Für ca. 45 Minuten im vorgeheizten Backofen bei 160 °C Heißuft backen. Abkühlen lassen und mit Puderzucker bestreuen.

Du kannst den Linzerkuchen
auch je nach Saison mit anderen
Ausstechern machen oder den
Teig einfach ausrollen, in Streifen schneiden und gitterartig
auf die Marmelade legen

HEFETEIG, TRADITIONELL

20 min Vorbereitungszeit
20 min Zubereitung

ZUTATEN:

200 ml Milch
500 g Mehl
(plus Mehl zum Arbeiten)
30 g frische Hefe
70 g Zucker
70 g weiche Butter
1 Pkg. Bourbon-Vanillezucker
Bio-Zitronenabrieb nach
Geschmack
1 Ei
1 Prise Salz

Für Hefeteig am besten
zimmerwarme Zutaten verwenden.

ZUBEREITUNG:

1. Milch lauwarm erhitzen. Mehl in eine Schüssel geben, in der Mitte eine Mulde formen und die Milch hineingießen. Hefe hineinbröckeln, 1 EL vom Zucker darüberstreuen, mit Mehl von rundherum bedecken.

2. Diesen „Vorteig" mit einem Geschirrtuch abdecken und ca. 10 Minuten an einem warmen Ort gehen lassen.

Durch die warme (nicht heiße!) Milch und die Zugabe von etwas Zucker kann die Hefe schön aufgehen.

3. Die restlichen Zutaten hinzugeben und mit den Händen oder den Knethaken des Handrührgeräts alles zu einem Teig kneten.

4. Ein weiteres Mal mit einem Geschirrtuch abdecken und ca. 50 Minuten an einem warmen Ort gehen lassen.

Hefeteig muss unbedingt an einem warmen Ort ausgiebig gehen.

5. Teig mit bemehlten Händen nochmal kurz durchkneten.

6. Ein passendes Hefeteig-Rezept auf den folgenden Seiten aussuchen und den Teig entsprechend weiterverarbeiten.

Teigrezept als
Backvideo:

ZWETSCHGEN DATSCHI MIT ZWILLINGSTEIG

 **OHNE RÜHRGERÄT**

40–45 min Backzeit
35 min Zubereitung
1 Backblech

ZUTATEN HEFETEIG, TRADITIONELL:

125 ml Milch
280 g Mehl
(plus Mehl zum Arbeiten)
½ Pkg. frische Hefe
30 g Zucker
40 g weiche Butter
½ Pkg. Bourbon-Vanillezucker
1 TL Bio-Zitronenabrieb
1 kleines Ei
1 Prise Salz

AUSSERDEM:

ca. 1,2 kg Zwetschgen

ZUTATEN MÜRBETEIG, TRADITIONELL

250 g Mehl
150 g kalte Butter
1 Pkg. Bourbon-Vanillezucker
ca. 40 ml kaltes Wasser
80 g Zucker
1 Prise Salz

ZUTATEN STREUSEL:

150 g Butter
140 g Zucker
200 g Mehl
1 große Prise Salz
1 große Prise Bourbon-
Vanille, gemahlen
1 TL Zimt

Hier machen wir einen „Zwil–lingsteig", der aus einem Hefe– und einem Mürbeteig besteht.

ZUBEREITUNG:

1. Milch lauwarm erhitzen. Mehl in eine Schüssel geben, in der Mitte eine Mulde formen und die Milch hineingießen. Hefe hineinbröckeln, 1 EL vom Zucker darüberstreuen, mit Mehl von rundherum bedecken.

2. Diesen „Vorteig" mit einem Geschirrtuch abdecken und ca. 10 Minuten an einem warmen Ort gehen lassen.

3. Die restlichen Hefeteig-Zutaten hinzugeben und mit den Händen oder den Knethaken des Handrührgeräts zu einem Teig kneten.

4. Ein weiteres Mal mit einem Geschirrtuch abdecken und ca. 40 Minuten an einem warmen Ort gehen lassen.

5. Alle Zutaten für den Mürbeteig kurz verkneten. Für die Streusel ebenso alle Zutaten miteinander verkneten, bis sich Streusel bilden. Zwetschgen waschen, entkernen und halbieren.

6. Beide Teige mit bemehlten Händen vorsichtig verkneten, bis ein gemeinsamer Teig entsteht (= Zwillingsteig). Auf der bemehlten Arbeitsfläche ausrollen, auf ein mit Backpapier ausgelegtes Blech geben. Zwetschgen darauf verteilen, mit Streuseln bestreuen. Ca. 40–45 Minuten im auf 160 °C Heißluft vorgeheizten Ofen backen.

HASELNUSS HEFEZOPF

OHNE BACKFORM

20 min Vorbereitungszeit
ca. 40—45 min Backzeit
20 min Zubereitung
1 Backblech

ZUTATEN HEFETEIG, TRADITIONELL:

200 ml Milch
500 g Mehl
(plus Mehl zum Arbeiten)
30 g frische Hefe
70 g Zucker
70 g weiche Butter
1 Pkg. Bourbon-Vanillezucker
Bio-Zitronenabrieb nach
Geschmack
1 Ei
1 Prise Salz

WEITERE ZUTATEN:

300 g Haselnüsse, gemahlen
180 ml Milch
120 g brauner Zucker
1 Pkg. Bourbon-Vanillezucker
½ TL Bourbon-Vanille, gemahlen
½ TL Zimt
etwas Zitronenabrieb
1 Ei
2 EL Sahne
Butter zum Bestreichen
200 g Puderzucker
3 EL Zitronensaft

ZUBEREITUNG:

1. Milch lauwarm erhitzen. Mehl in eine Schüssel geben, in der Mitte eine Mulde formen und die Milch hineingießen. Hefe hineinbröckeln, 1 EL vom Zucker darüberstreuen, mit Mehl von rundherum bedecken.

2. Diesen „Vorteig" mit einem Geschirrtuch abdecken und ca. 10 Minuten an einem warmen Ort gehen lassen.

3. Die restlichen Teigzutaten hinzugeben und mit den Händen oder den Knethaken des Handrührgeräts zu einem Teig kneten.

4. Ein weiteres Mal mit einem Geschirrtuch abdecken und ca. 50 Minuten an einem warmen Ort gehen lassen.

5. Für die Nussfüllung Nüsse auf einem Backblech 8 Minuten im vorgeheizten Ofen bei 160 °C Heißluft rösten. Milch mit Zucker, Vanillezucker, Vanille, Zimt und Zitronenabrieb vermischen, Nüsse hinzugeben. Ei trennen, Eiweiß schaumig aufschlagen und unter die Nussfüllung heben. Eigelb mit Sahne mischen und beiseitestellen.

6. Teig mit bemehlten Händen nochmal kurz durchkneten und rechteckig ausrollen. Mit etwas Butter bestreichen. Nussfüllung gleichmäßig darauf verstreichen und den Teig aufrollen. Die Rolle von der langen Seite durchschneiden und die 2 Hälften schnell umeinanderschlingen. Hefezopf auf ein mit Backpapier ausgelegtes Backblech geben. 10 Minuten gehen lassen. Mit der Eigelb-Sahne-Mischung bestreichen. Im vorgeheizten Ofen bei 160 °C Heißluft ca. 40—45 Minuten backen. Aus dem Ofen nehmen, vor dem Anschneiden auskühlen lassen.

Nach Belieben aus 200 g Puder–zucker und 3 EL Zitronensaft einen Zuckerguss zubereiten und auf den Zopf streichen.

KARDAMOM ZIMTSCHNECKEN

 OHNE RÜHRGERÄT

 OHNE BACKFORM

ca. 25 min Backzeit
20 min Zubereitung
1 Backblech

ZUTATEN HEFETEIG, TRADITIONELL:

200 ml Milch
500 g Mehl
(plus Mehl zum Arbeiten)
30 g frische Hefe
70 g Zucker
70 g weiche Butter
1 Pkg. Bourbon-Vanillezucker
Bio-Zitronenabrieb nach
Geschmack
1 Ei
1 Prise Salz

ZUTATEN FÜLLUNG:

80 g sehr weiche Butter
70 g Frischkäse
70 g brauner Zucker
1 Pkg. Bourbon-Vanillezucker
1 Msp. Bourbon-Vanille,
gemahlen
1–2 TL Kardamom
1 TL Zimt

AUSSERDEM:

1 Eigelb
2 EL Sahne
2 EL Hagelzucker

Die Butter und der Frischkäse sollten schön weich sein, damit du sie gut miteinander verrühren kannst!

ZUBEREITUNG:

1. Milch lauwarm erhitzen. Mehl in eine Schüssel geben, in der Mitte eine Mulde formen und die Milch hineingießen. Hefe hineinbröckeln, 1 EL vom Zucker darüberstreuen, mit Mehl von rundherum bedecken.

2. Diesen „Vorteig" mit einem Geschirrtuch abdecken und ca. 10 Minuten an einem warmen Ort gehen lassen.

3. Die restlichen Teigzutaten hinzugeben und mit den Händen oder den Knethaken des Handrührgeräts gut verkneten.

4. Ein weiteres Mal mit einem Geschirrtuch abdecken und ca. 45 Minuten an einem warmen Ort gehen lassen.

5. In der Zwischenzeit für die Füllung sehr weiche Butter mit Frischkäse und den restlichen Zutaten gut durchrühren.

6. Teig mit bemehlten Händen nochmal kurz durchkneten, auf der bemehlten Arbeitsfläche rechteckig ausrollen. Mit der Füllung bestreichen, längs aufrollen und in gleich große Stücke schneiden.

7. Auf ein Backblech legen und ca. 15 Minuten gehen lassen. Eigelb aufschlagen, mit Sahne vermischen und die Schnecken einstreichen. Mit Hagelzucker bestreuen und ca. 25 Minuten im vorgeheizten Ofen bei 160 °C Heißluft backen.

BUTTER MANDEL KUCHEN

ZUTATEN HEFETEIG, TRADITIONELL:

200 ml Milch
500 g Mehl
(plus Mehl zum Arbeiten)
30 g frische Hefe
70 g Zucker
70 g weiche Butter
1 Pkg. Bourbon-Vanillezucker
Bio-Zitronenabrieb nach
Geschmack
1 Ei
1 Prise Salz

WEITERE ZUTATEN:

130 g Butter
90 g Zucker
1 TL Zimt
1 Pkg. Bourbon-Vanillezucker
½ TL Bourbon-Vanille,
gemahlen
100 g Mandeln, gehobelt

Du kannst die Mandeln auch
weglassen oder z.B. je nach Saison
noch 200 g gemischte Beeren
verwenden, dann verlängert
sich die Backzeit aber etwas!

ZUBEREITUNG:

1. Milch lauwarm erhitzen. Mehl in eine Schüssel geben, in der Mitte eine Mulde formen und die Milch hineingießen. Hefe hineinbröckeln, 1 EL vom Zucker darüberstreuen, mit Mehl von rundherum bedecken.

2. Diesen „Vorteig" mit einem Geschirrtuch abdecken und ca. 10 Minuten an einem warmen Ort gehen lassen.

3. Die restlichen Teig-Zutaten hinzugeben und mit den Händen oder den Knethaken des Handrührgeräts zu einem Teig kneten.

4. Ein weiteres Mal mit einem Geschirrtuch abdecken und ca. 50 Minuten an einem warmen Ort gehen lassen.

5. Teig mit bemehlten Händen kurz durchkneten und ca. in der Größe des Backblechs ausrollen. Blech mit Backpapier auslegen, Teig daraufgeben, mit den Fingerspitzen Mulden hineindrücken.

6. Butter in ca. 1,5 cm große Würfel schneiden und in den Mulden verteilen. Zucker mit Vanillezucker, Vanille und Zimt mischen. Teig mit gehobelten Mandeln und Zimt-Vanille-Zucker bestreuen. Kuchen im auf 160 °C Heißluft vorgeheizten Ofen ca. 30 Minuten backen.

20 min Vorbereitungszeit
20 min Zubereitung

HEFETEIG, VEGAN

ZUTATEN:

240 ml Pflanzenmilch
500 g Mehl
(plus Mehl zum Arbeiten)
30 g frische Hefe
80 g Zucker
60 g weiche vegane Butter
1 Pkg. Bourbon-Vanillezucker
Bio-Zitronenabrieb nach
Geschmack
1 Prise Salz

ZUBEREITUNG:

1. Pflanzenmilch lauwarm erhitzen. Mehl in eine Schüssel geben, in der Mitte eine Mulde formen und die Milch hineingießen. Hefe hineinbröckeln, 1 EL vom Zucker darüberstreuen, mit Mehl von rundherum bedecken.

2. Diesen „Vorteig" mit einem Geschirrtuch abdecken und ca. 10 Minuten an einem warmen Ort gehen lassen.

3. Die restlichen Zutaten hinzugeben und mit den Händen oder den Knethaken des Handrührgeräts alles zu einem Teig kneten.

4. Ein weiteres Mal mit einem Geschirrtuch abdecken und ca. 50 Minuten an einem warmen Ort gehen lassen.

5. Teig mit bemehlten Händen nochmal kurz durchkneten.

6. Ein passendes Hefeteig-Rezept auf den folgenden Seiten aussuchen und den Teig entsprechend weiterverarbeiten, z.B. zu einem einfachen Hefezopf.

Für Hefeteig am besten zimmerwarme Zutaten verwenden.

Durch die warme (nicht heiße!) Milch und die Zugabe von etwas Zucker kann die Hefe schön aufgehen.

Hefeteig muss unbedingt an einem warmen Ort ausgiebig gehen.

Teigrezept als Backvideo:

MARMELADEN HEFEKRANZ

 OHNE RÜHRGERÄT

 OHNE BACKFORM

 VEGAN

20 min Vorbereitungszeit
ca 40 min Backzeit
20 min Zubereitung
1 Backblech

ZUTATEN HEFETEIG, VEGAN:

240 ml Pflanzenmilch
500 g Mehl
(plus Mehl zum Arbeiten)
30 g frische Hefe
80 g Zucker
60 g weiche vegane Butter
1 Pkg. Bourbon-Vanillezucker
Bio-Zitronenabrieb nach
Geschmack
1 Prise Salz

WEITERE ZUTATEN:

200 g Himbeermarmelade
30 g Mandeln, gehobelt
30 g Pistazien, gehackt,
geröstet

Vegan oder traditionell, wie du magst, dieses Rezept lässt sich perfekt auch mit dem traditionellen Hefeteig (s. S. 58) zubereiten!

ZUBEREITUNG:

1. Pflanzenmilch lauwarm erhitzen. Mehl in eine Schüssel geben, in der Mitte eine Mulde formen und die Milch hineingießen. Hefe hineinbröckeln, 1 EL vom Zucker darüberstreuen, mit Mehl von rundherum bedecken.

2. Diesen „Vorteig" mit einem Geschirrtuch abdecken und ca. 10 Minuten an einem warmen Ort gehen lassen.

3. Die restlichen Teig-Zutaten hinzugeben und mit den Händen oder den Knethaken des Handrührgeräts zu einem Teig kneten.

4. Ein weiteres Mal mit einem Geschirrtuch abdecken und ca. 50 Minuten an einem warmen Ort gehen lassen.

5. Teig mit bemehlten Händen nochmal kurz durchkneten.

6. Himbeermarmelade gut durchrühren. Hefeteig zu einem Rechteck in der Größe von ca. 40 x 60 cm ausrollen. Mit Marmelade bestreichen und von der langen Seite her aufrollen. Die Hefeteigrolle von oben nach unten mittig fast ganz durchschneiden, sodass 2 Stränge entstehen, die noch zusamenhängen. In Kreisform wie für eine Kordel umeinanderwickeln. Auf ein mit Backpapier belegtes Backblech legen, nochmals 15 Minuten gehen lassen. Mit gehobelten Mandeln und Pistazien bestreuen und ca. 40 Minuten im auf 160 °C Heißluft vorgeheizten Ofen backen.

HEFEZOPF

 OHNE RÜHRGERÄT

 OHNE BACKFORM

 VEGAN

20 min Vorbereitungszeit
ca. 30 min Backzeit
20 min Zubereitung
1 Backblech

ZUTATEN HEFETEIG, VEGAN:

240 ml Pflanzenmilch
500 g Mehl
(plus Mehl zum Arbeiten)
80 g Zucker
60 g weiche vegane Butter
1 Pkg. Bourbon-Vanillezucker
Bio-Zitronenabrieb nach
Geschmack
1 Prise Salz
30 g frische Hefe

WEITERE ZUTATEN:

2 EL pflanzliche Sahne/Milch
ca. 30 g Hagelzucker
ca. 30 g Mandeln, gehobelt

Vegan oder traditionell, wie
du magst, dieses Rezept lässt
sich perfekt auch mit dem traditionellen Hefeteig (s. S. 58)
zubereiten!

ZUBEREITUNG:

1. Pflanzenmilch lauwarm erhitzen. Mehl in eine Schüssel geben, in der Mitte eine Mulde formen und die Milch hineingießen. Hefe hineinbröckeln, 1 EL vom Zucker darüberstreuen, mit Mehl von rundherum bedecken.

2. Diesen „Vorteig" mit einem Geschirrtuch abdecken und ca. 10 Minuten an einem warmen Ort gehen lassen.

3. Die restlichen Teigzutaten hinzugeben und mit den Händen oder den Knethaken des Handrührgeräts zu einem Teig kneten.

4. Ein weiteres Mal mit einem Geschirrtuch abdecken und ca. 30 Minuten an einem warmen Ort gehen lassen.

5. Teig mit bemehlten Händen nochmal kurz durchkneten. In 3 gleich schwere Teile teilen und zu einem Zopf flechten. Mit einem Geschirrtuch abdecken und ca. 20 Minuten gehen lassen.

6. Backblech mit Backpapier auslegen, den Hefezopf darauflegen und mit pflanzlicher Sahne oder Milch bestreichen. Mit Hagelzucker und gehobelten Mandeln bestreuen und für ca. 30 Minuten im vorgeheizten Ofen bei 160 °C Heißluft backen.

JOHANNISBEER STREUSELTALER

 OHNE RÜHRGERÄT

 OHNE BACKFORM

VEGAN

20 min Vorbereitungszeit
ca. 30 min Backzeit
20 min Zubereitung
1 Backblech

ZUTATEN HEFETEIG, VEGAN:

240 ml Pflanzenmilch
60 g weiche vegane Butter
500 g Mehl
(plus Mehl zum Arbeiten)
30 g frische Hefe
80 g Zucker
1 Pkg. Bourbon-Vanillezucker
Bio-Zitronenabrieb nach
Geschmack
1 Prise Salz

ZUTATEN STREUSEL:

150 g vegane Butter
140 g Zucker
200 g Mehl
1 große Prise Salz
1 große Prise Bourbon-Vanille,
gemahlen
1 TL Zimt

AUSSERDEM:

ca. 700 g frische
Johannisbeeren

Vegan oder traditionell, wie du magst, dieses Rezept lässt sich perfekt auch mit traditionellem Hefeteig (s. S. 58) zubereiten!

ZUBEREITUNG:

1. Pflanzenmilch lauwarm erhitzen. Mehl in eine Schüssel geben, in der Mitte eine Mulde formen und die Milch hineingießen. Hefe hineinbröckeln, 1 EL vom Zucker darüberstreuen, mit Mehl von rundherum bedecken.

2. Diesen „Vorteig" mit einem Geschirrtuch abdecken und ca. 10 Minuten an einem warmen Ort gehen lassen.

3. Die restlichen Teig-Zutaten hinzugeben und mit bemehlten Händen oder den Knethaken des Handrührgeräts zu einem Teig kneten.

4. Ein weiteres Mal mit einem Geschirrtuch abdecken, ca. 50 Minuten an einem warmen Ort gehen lassen. Währenddessen alle Zutaten für die Streusel in einer Schüssel verkneten, Streusel kühlstellen.

5. Teig auf der bemehlten Arbeitsfläche ca. 2 cm dick ausrollen und dann mit einer kleine runden Schüssel ausstechen. Mit Abstand zueinander auf ein mit Backpapier ausgelegtes Backblech legen.

6. Johannisbeeren und dann Streusel darüber verteilen. Im vorgeheizten Ofen bei 160 °C Heißluft ca. 30 Minuten backen. Ausgekühlt genießen.

APFEL–ZIMT HEFEKNOTEN

 OHNE RÜHRGERÄT

 OHNE BACKFORM

 VEGAN

20–25 min Backzeit
20 min Zubereitung
1 Backblech (ca. 14 Stck.)

Vegan oder traditionell, wie du magst, dieses Rezept lässt sich perfekt auch mit dem traditionellen Hefeteig (s. S. 58) zubereiten!

ZUTATEN HEFETEIG, VEGAN:

240 ml Pflanzenmilch
60 g weiche vegane Butter
500 g Mehl
(plus Mehl zum Arbeiten)
30 g frische Hefe
80 g Zucker
1 Pkg. Bourbon-Vanillezucker
Bio-Zitronenabrieb nach Geschmack
1 Prise Salz

ZUTATEN FÜLLUNG:

100 g sehr weiche vegane Butter
80 g brauner Zucker
2 TL Zimt
1 große Prise Bourbon-Vanille, gemahlen
150 g Äpfel

AUSSERDEM:

2 EL Pflanzenmilch
250 g Puderzucker
3 EL Zitronensaft

ZUBEREITUNG:

1. Pflanzenmilch lauwarm erhitzen. Mehl in eine Schüssel geben, in der Mitte eine Mulde formen und die Milch hineingießen. Hefe hineinbröckeln, 1 EL vom Zucker darüberstreuen, mit Mehl von rundherum bedecken.

2. Diesen „Vorteig" mit einem Geschirrtuch abdecken und ca. 10 Minuten an einem warmen Ort gehen lassen.

3. Die restlichen Teigzutaten hinzugeben und mit den Händen oder den Knethaken des Handrührgeräts alles zu einem Teig kneten.

4. Ein weiteres Mal mit einem Geschirrtuch abdecken und ca. 50 Minuten an einem warmen Ort gehen lassen. Währenddessen Füllung zubereiten: vegane Butter mit braunem Zucker, Zimt und Vanille vermischen. Äpfel waschen, entkernen und in sehr kleine feine Stückchen schneiden.

5. Aufgegangenen Teig mit ein wenig Mehl mit den Händen nochmal kurz durchkneten und zu einem Rechteck ausrollen. Gleichmäßig mit der Zimt-Butter-Mischung bestreichen, Apfelstückchen darauf verteilen.

6. Teig zur Mitte hin zusammenklappen, der kurzen Seite nach ca. 3 cm breite Streifen schneiden und ineinanderdrehen wie zu einem Knoten.

7. Auf ein mit Backpapier ausgelegtes Blech legen. Mit Pflanzenmilch/-sahne einstreichen, nochmals 10 Minuten gehen lassen. Im vorgeheizten Ofen bei 160 °C Heißluft ca. 20–25 Minuten backen. Puderzucker und Zitronensaft verrühren, die etwas abgekühlten Knoten damit glasieren.

BISKUITTEIG, TRADITIONELL

45 min Backzeit
15 min Zubereitung
1 Kuchenform Ø 26–28 cm

ZUTATEN:

6 Eier
1 Prise Salz
220 g Zucker
1 Pkg. Bourbon-Vanillezucker
280 g Mehl
1 EL Speisestärke

ZUBEREITUNG:

1. Eier mit der Prise Salz in eine Schüssel geben und 1 Minute auf höchster Stufe schaumig schlagen.

2. Zucker und Vanillezucker langsam einrieseln lassen und 10 Minuten mit dem Rührgerät rühren, bis eine schaumige Masse entsteht.

3. Mehl und Speisestärke dazusieben und vorsichtig untermengen.

4. Biskuitmasse in die mit Backpapier ausgelegte Kuchenform füllen und ca. 45 Minuten im vorgeheizten Ofen bei 160 °C Heißluft backen. Biskuit vor dem Weiterverwenden auskühlen lassen.

Beim klassischen Biskuit den Teig möglichst lange und mit Handrührgerät rühren.

Überprüfe mit der Stäbchen-probe (s. S. 12), ob dein Biskuit fertig ist oder noch etwas Backzeit braucht.

Teigrezept als Backvideo:

MANDEL-VANILLE JOHANNISBEER TORTE

50 min Backzeit
35 min Zubereitung
1 Kuchenform Ø 26–28 cm

ZUTATEN BISKUITTEIG, TRADITIONELL:

80 g Mandeln, gemahlen
6 Eier
1 Prise Salz
220 g Zucker
1 Pkg. Bourbon-Vanillezucker
170 g Mehl
1 EL Speisestärke

AUSSERDEM:

ca. 80 g Johannisbeermarmelade
50 g Mandeln, gehobelt

ZUTATEN BUTTERCREME:

1 Pkg. Vanillepudding-pulver
450 ml Milch
30 g Zucker
1 Pkg. Bourbon-Vanille-zucker
1 Prise Bourbon-Vanille, gemahlen
250 g Butter
30 g Puderzucker

ZUBEREITUNG:

1. Für die Füllung den Pudding nach Packungsanleitung mit Milch, Zucker, Vanillezucker und Vanille zubereiten. In eine Schüssel füllen, sofort mit Frischhaltefolie bedecken und auf Zimmertemperatur ab-kühlen lassen. Butter aus dem Kühlschrank nehmen, sie soll eben-falls Zimmertemperatur annehmen.

2. Für den Nussbiskuitteig gemahlene Mandeln auf ein Backblech geben, 6–8 Minuten bei 160 °C Heißluft im vorgeheizten Ofen rös-ten und abkühlen lassen. Die Eier mit der Prise Salz in eine Schüssel geben und 1 Minute auf höchster Stufe schaumig schlagen.

3. Zucker und Vanillezucker langsam einrieseln lassen und 10 Minu-ten mit dem Rührgerät schaumig rühren. Mehl, gemahlene geröstete Mandeln und Speisestärke dazusieben und vorsichtig untermengen.

4. Teig in die mit Backpapier ausgelegte Kuchenform füllen und ca. 50 Minuten im auf 160 °C Heißluft vorgeheizten Ofen backen. Mindestens 1 Stunde auskühlen lassen.

5. Buttercreme fertigstellen: Butter mit Puderzucker zu einer cremi-gen Masse verrühren. Pudding unterheben bis eine homogene Masse entsteht. Biskuit in 3 Böden schneiden. Auf den ersten Boden einen großen Teil der Creme glattstreichen, einen Boden darauflegen. Marmelade glattrühren, darauf verteilen, glattstreichen, letzten Boden auflegen, mit dem Großteil der restlichen Creme bestreichen. Mit einer Spritztülle Creme-Tupfen auf die Torte setzen, Mandeln in der Pfanne rösten und die Torte damit bestreuen.

Durch das Rösten der Mandeln wird die Torte noch aromatischer!

SCHOKO TORTE

45 min Backzeit
45 min Zubereitung
1 Kuchenform Ø 26–28 cm

ZUTATEN BISKUIT-TEIG, TRADITIONELL:

6 Eier
1 Prise Salz
220 g Zucker
1 Pkg. Bourbon-Vanillezucker
280 g Mehl
1 EL Speisestärke

ZUTATEN SCHOKOCREME:

150 g Zartbitterschokolade
2 Pkg. Schokoladenpudding
1 l Milch
50 g Zucker
Mark von ½ Vanilleschote
500 g Butter
200 g Puderzucker

ZUBEREITUNG:

1. Für die Creme 120 g der Schokolade zerkleinern. Puddingpulver mit etwas kalter Milch anrühren. Restliche Milch mit den Schokoladestücken, Zucker und Vanillemark langsam unter ständigem Rühren aufkochen. Rühren, bis sich die Schokolade auflöst. Angerührtes Puddingpulver hinzugeben, unter Rühren mit dem Schneebesen aufkochen und 2 Minuten köcheln lassen.

2. In eine Schüssel füllen und mit Frischhaltefolie bedecken. Einige Stunden auf Zimmertemperatur abkühlen lassen. Die Butter aus dem Kühlschrank nehmen und ebenfalls Zimmertemperatur annehmen lassen.

3. Für den Teig die Eier mit der Prise Salz in eine Schüssel geben und 1 Minute auf höchster Stufe schaumig schlagen. Zucker und Vanillezucker langsam einrieseln lassen und 10 Minuten mit dem Rührgerät rühren, bis eine schaumige Masse entsteht. Zum Schluss noch Mehl und Speisestärke dazusieben und vorsichtig untermengen.

4. Biskuitmasse in die mit Backpapier ausgelegte Kuchenform füllen und ca. 45 Minuten im auf 160 °C vorgeheizten Ofen backen. Auskühlen lassen.

5. Zimmerwarme Butter schaumig schlagen, Puderzucker hinzufügen und weiter rühren. Den abgekühlten Pudding löffelweise unterheben.

6. Tortenboden einmal durchschneiden. ¾ der Creme auf den unteren Boden streichen, den zweiten Boden darauflegen, mit weiterer Creme bestreichen und nach Belieben mit einer Spritztülle kleine Tupfen auf die Torte spritzen. Restliche Schokolade (30 g) hacken oder raspeln und auf der Torte verteilen.

Pudding und Butter erst verrühren, wenn sie die gleiche Temperatur haben.

SAHNE ERDBEER TORTE

VEGAN MÖGLICH

45 min Backzeit
25 min Zubereitung
1 Kuchenform Ø 26–28 cm

ZUTATEN BISKUITTEIG, TRADITIONELL:

4 Eier
1 Prise Salz
160 g Zucker
1 Pkg. Bourbon-Vanillezucker
210 g Mehl
½ EL Speisestärke

ZUTATEN FÜLLUNG:

600 g Sahne
1 Pkg. Sahnesteif
2 Pkg. Bourbon-Vanillezucker
300 g Erdbeeren

Diese Torte kannst du auch mit veganem Biskuitteig (s. S. 88) und veganer Sahne zubereiten.

Je nach Saison kannst du auch andere Beeren und Obst verwenden, im Winter z.B. Orangen.

ZUBEREITUNG:

1. Eier mit Salz in eine Schüssel geben und 1 Minute auf höchster Stufe schaumig schlagen.

2. Zucker und Vanillezucker langsam einrieseln lassen und 10 Minuten mit dem Rührgerät rühren, bis eine schaumige Masse entsteht.

3. Zum Schluss noch Mehl und Speisestärke sieben und vorsichtig unter den Teig mengen.

4. Biskuitmasse in die mit Backpapier ausgelegte Kuchenform füllen und ca. 45 Minuten im auf 160 °C Heißluft vorgeheizten Ofen backen. Abkühlen lassen.

5. Sahne mit Sahnesteif und Vanillezucker steif schlagen.

6. Erdbeeren waschen, halbieren und abtrocknen. Sahne auf dem ausgekühlten Boden verteilen, anschließend mit Erdbeeren belegen.

MAULWURF TORTE MIT ERDBEEREN

ca. 45 min Backzeit
40 min Zubereitung
1 Kuchenform ca. Ø 26–28 cm

ZUTATEN BISKUITTEIG, TRADITIONELL:

6 Eier
1 Prise Salz
220 g Zucker
1 Pkg. Bourbon-Vanillezucker
210 g Mehl
50 g Backkakao
1 EL Speisestärke

ZUTATEN FÜLLUNG:

600 ml Sahne
2 Pkg. Sahnesteif
1 EL Zucker
1 Pkg. Bourbon-Vanillezucker
80 g Schokoraspeln
ca. 400 g Erdbeeren

Je nach Saison kannst du z.B. auch Himbeeren verwenden.

ZUBEREITUNG:

1. Die Eier mit der Prise Salz in eine Schüssel geben und 1 Minute auf höchster Stufe schaumig schlagen.

2. Zucker und Vanillezucker langsam einrieseln lassen und 10 Minuten mit dem Rührgerät rühren, bis eine schaumige Masse entsteht.

3. Zum Schluss Mehl, Kakao und Speisestärke dazusieben und vorsichtig untermengen.

4. Biskuitmasse in die mit Backpapier ausgelegte Kuchenform füllen und ca. 45 Minuten im auf 160 °C Heißluft vorgeheizten Ofen backen.

5. Den ausgekühlten Biskuitboden auf einen flachen Teller legen und einen Teil (ca. 2 cm) vom Tortenboden mit einem Löffel abschaben, dabei einen 1 cm breiten Rand stehen lassen (s. Foto). Die abgeschabten Tortenboden-Stücke zerkrümeln.

6. Sahne mit Sahnesteif, Zucker und Vanillezucker steif schlagen. Schokoraspeln am Ende kurz unterheben. Die Erdbeeren waschen und den Strunk entfernen. Erdbeeren abtrocknen und gleichmäßig auf dem Boden verteilen. Die Sahne kuppelartig darauf verteilen. Die Teigkrümel auf der Sahne verteilen und leicht andrücken.

BISKUITTEIG, VEGAN

40 min Backzeit
1 Kuchenform Ø 26–28 cm

ZUTATEN:

400 g Mehl
1 EL Speisestärke
220 g Zucker
3 TL Backpulver
1 Pkg. Bourbon-Vanillezucker
1 Prise Salz
150 ml Pflanzenmilch
250–280 ml sprudeliges Mineralwasser
100 ml neutrales Öl
1 EL Apfelessig

ZUBEREITUNG:

1. Alle trockenen Zutaten (Mehl, Speisestärke, Zucker, Backpulver, Vanillezucker, Salz) in einer großen Schüssel vermischen.

2. Pflanzenmilch, Wasser, Öl und Apfelessig hinzugeben und alle Zutaten zügig mit einem Schneebesen oder Rührgerät zu einem glatten Teig vermengen.

3. Kuchenform mit Backpapier auslegen und den Teig hineingeben. Bei 160 °C Heißluft im vorgeheizten Backofen für ca. 40 Minuten backen. Vor dem Weiterverwenden auskühlen lassen.

Rühre nicht zu lange, dann wird dein veganer Biskuit schön fluffig!

Überprüfe mit der Stäbchen-probe (s. S. 12), ob dein Biskuit fertig ist oder noch etwas Backzeit braucht.

Teigrezept als
Backvideo:

ERDBEER KUCHEN MIT PUDDING

 **VEGAN**

40 min Backzeit
35 min Zubereitung
1 Kuchenform Ø 26–28 cm

ZUTATEN BISKUITTEIG, VEGAN:

300 g Mehl
1 EL Speisestärke
160 g Zucker
½ Pkg. Backpulver
½ Pkg. Bourbon-Vanillezucker
1 Prise Salz
110 ml Pflanzenmilch
180 ml sprudeliges Mineralwasser
75 ml neutrales Öl
2 TL Apfelessig

ZUTATEN PUDDING:

½ Pkg. Vanillepuddingpulver
20 g Zucker
1 Pkg. Bourbon-Vanillezucker
20 ml Sojamilch

AUSSERDEM:

250 ml Kirschsaft
3 TL Speisestärke
250 g Erdbeeren
Mandeln, gehobelt,
zum Bestreuen

Vegan oder traditionell, wie du magst, dieser Kuchen lässt sich perfekt auch mit dem traditionellen Biskuitteig (s. S. 78) zubereiten!.

Je nach Saison kannst du im Winter z.B. auch leckere Spekulatiuskekse verwenden und unter die Creme noch eine Prise Zimt rühren.

ZUBEREITUNG:

1. Für den Kuchen alle trockenen Zutaten (Mehl, Speisestärke, Zucker, Backpulver, Vanillezucker, Salz) in einer großen Schüssel vermischen.

2. Pflanzenmilch, Mineralwasser, Öl und Apfelessig hinzugeben und alle Zutaten zügig mit einem Schneebesen oder Rührgerät zu einem glatten Teig vermengen.

3. Teig in die mit Backpapier ausgelegte Form füllen und im auf 160 °C Heißluft vorgeheizten Backofen für ca. 40 Minuten backen. Auskühlen lassen.

4. Vanillepuddingpulver nach Packungsanleitung mit Zucker, Vanillezucker und Sojamilch zubereiten. Heiß auf dem Kuchenboden verteilen.

5. Für den Guss etwas vom Kirschsaft mit der Stärke verrühren. Restlichen Saft in einem Topf langsam zum Köcheln bringen. Wenn er kocht, angerührte Stärke dazugeben und den Saft unter Rühren mit einem Schneebesen ca. 2 Minuten kochen lassen. Vom Herd nehmen.

6. Erdbeeren waschen, Grün entfernen, Erdbeeren halbieren und abtrocknen. Auf dem Pudding verteilen, den Guss über die Erdbeeren gießen. Kuchen für mindestens 1 Stunde in den Kühlschrank stellen. Vor dem Servieren mit gehobelten Mandeln garnieren.

VANILLE BLÜTEN TORTE

 **VEGAN**

40 min Backzeit
35 min Zubereitung
1 Kuchenform Ø 26–28 cm

ZUTATEN BISKUITTEIG, VEGAN:

400 g Mehl
1 EL Speisestärke
220 g Zucker
3 TL Backpulver
1 Pkg. Bourbon-Vanillezucker
1 Prise Salz
150 Pflanzenmilch
250–280 ml sprudeliges Mineralwasser
100 ml neutrales Öl
1 EL Apfelessig

ZUTATEN FÜLLUNG:

1 Pkg. Vanillepuddingpulver
450 ml Sojamilch
50 g Zucker
1 Pkg. Bourbon-Vanillezucker
200 g vegane Butter

AUSSERDEM:

200 ml vegane Sahne zum Aufschlagen
getrocknete oder frische essbare Blüten

Diese Torte kannst du sehr gut auch mit traditionellem Biskuitteig (s. S. 78) und traditioneller Füllung zubereiten.

Blüten ganz einfach selbst trocknen: Im Frühjahr essbare Blüten sammeln (z.B. Veilchen, Vergissmeinnicht, Schlüsselblumen). Mit Papier zwischen Bücher legen und nach ein paar Tagen als getrocknete Blüten verwenden. Getrocknet sind auch die schönen gelben Hahnenfuß-Blüten essbar, die man frisch nicht verzehren sollte.

ZUBEREITUNG:

1. Zuerst die Füllung zubereiten: Vanillepudding mit Sojamilch, Zucker und Vanillzucker nach Packungsanleitung kochen. In eine Schüssel füllen, sofort mit Frischhaltefolie bedecken und auf Zimmertemperatur abkühlen lassen. Vegane Butter aus dem Kühlschrank nehmen, sie soll ebenfalls Zimmertemperatur annehmen.

2. Für den Teig alle trockenen Zutaten in einer großen Schüssel vermischen (Mehl, Speisestärke, Zucker, Backpulver, Vanillezucker, Salz).

3. Pflanzenmilch, Mineralwasser, Öl und Apfelessig hinzugeben und alle Zutaten zügig mit einem Schneebesen oder Rührgerät zu einem glatten Teig vermengen.

4. Form mit Backpapier auslegen und den Teig einfüllen. Bei 160 °C Heißluft im vorgeheizten Backofen ca. 40 Minuten backen. Auskühlen lassen.

5. Wenn vegane Butter und Vanillepudding beide Zimmertemperatur erreicht haben, vegane Butter mit dem Handrührgerät schaumig rühren. Löffelweise den Pudding dazugeben und mit dem Handrührgerät gut verrühren.

6. Tortenboden in 3 Teile schneiden. Auf den ersten die Hälfte der Füllung glattstreichen. Einen Boden daraufsetzen, bis auf 1 EL den Rest der Füllung darauf verteilen, dritten Boden darauflegen. Cremerest darauf glattstreichen. Vegane Sahne aufschlagen und die Torte damit einstreichen. Mit essbaren Blüten verzieren.

VEGAN

50 min Backzeit
35 min Zubereitung
1 Kuchenform Ø 26–28 cm

SCHWARZWÄLDER KIRSCHTORTE

ZUTATEN BISKUITTEIG, VEGAN:

350 g Mehl
50 g Backkakao
1 EL Speisestärke
220 g Zucker
1 Pkg. Bourbon-Vanillezucker
3 TL Backpulver
1 Prise Salz
150 ml Pflanzenmilch
250–280 ml sprudeliges Mineralwasser
100 ml neutrales Öl
1 EL Apfelessig

ZUTATEN FÜLLUNG UND DEKO:

1 Glas Kirschen
(680 g Füllmenge,
350 g Abtropfgewicht)
4 EL Speisestärke
700 ml vegane Sahne zum Aufschlagen
2 Pkg. Sahnesteif
2 Pkg. Bourbon-Vanillezucker
ca. 70 g vegane Zartbitterschokolade

Diese Torte kannst du sehr gut auch mit traditionellem Biskuitteig (s. S. 78) und traditioneller Füllung zubereiten.

ZUBEREITUNG:

1. Alle trockenen Teigzutaten (Mehl, Kakao, Speisestärke, Zucker, Vanillezucker, Backpulver, Salz) in einer großen Schüssel vermischen.

2. Pflanzenmilch, Mineralwasser, Öl und Apfelessig hinzugeben und alle Zutaten zügig mit einem Schneebesen oder Rührgerät zu einem glatten Teig vermengen.

3. Kuchenform mit Backpapier auslegen und den Teig hineinfüllen. Im vorgeheizten Ofen bei 160 °C Heißluft ca. 50 Minuten backen. Biskuit vor dem Weiterverwenden auskühlen lassen.

4. Kirschen über einem Sieb abtropfen lassen, Kirschsaft auffangen. Ca. 20 Kirschen beiseitelegen für die Deko. Ca. ¾ des Kirschsafts in einem Topf zum Kochen bringen. Den Rest in einer Schüssel mit der Speisestärke verrühren. Wenn der Kirschsaft zu köcheln beginnt, die angerührte Stärke unter Rühren hineingießen, 1 Minute köcheln lassen. Kirschen vorsichtig dazugeben und verrühren. Topf vom Herd nehmen und die Kirschmasse ca. 30 Minuten auskühlen lassen.

5. Währenddessen die vegane Sahne mit Sahnesteif und Vanillezucker steif schlagen. Schokobiskuit quer halbieren. Die abgekühlte Kirschmasse darauf verteilen. Gut die Hälfte der geschlagenen Sahne darauf verstreichen, den 2. Boden darauflegen. Mit Sahne einstreichen, restliche Sahne in einen Spritzsack füllen und auf die Tortenoberseite Tupfen spritzen. Kirschen daraufsetzen, Schokolade raspeln und seitlich und obendrauf verteilen. Torte gekühlt genießen.

EINFACH BACKEN

OHNE ⬡ ⬡ ⬡ ⬡ ⬡

100–149 REZEPTE
OHNE BACKOFEN
OHNE MEHL/GLUTEN
OHNE WAAGE
OHNE RÜHRGERÄT
OHNE BACKFORM

EINFACH BACKEN OHNE ...

Wenn du diese Seiten liest, dann hast du vielleicht keine Waage, einen aufgebrauchten Mehlvorrat, keinen Backofen, keine Backform oder kein Rührgerät – oder sogar mehr davon auf einmal? Kein Problem, ich habe mir für dich insgesamt 25 Rezept-Ideen überlegt, wie du trotzdem so einfach und schnell wie möglich an guten Kuchen & Co. gelangen kannst!

OHNE BACKOFEN

Du hast Lust auf Kuchen, möchtest aber nicht extra den Backofen dafür anwerfen oder er streikt oder du hast gar keinen? Dann kannst du trotzdem Kuchen backen – oder besser gesagt zubereiten, ohne zu backen: zum Beispiel Cheesecake mit weißer Schokolade und Erdbeeren, ziemlich gute Crêpetorte, feine Apfelküchlein oder aber sogar leckeren Brownie-Kuchen aus der Pfanne.

OHNE MEHL/GLUTEN

Deine Freundinnen und Freunde ernähren sich glutenfrei oder dein Mehlvorrat ist aufgebraucht und du hast trotzdem so Lust auf etwas Süßes? Ich habe da ein paar Rezepte für dich. Auch mit glutenfreiem Mehl oder nur mit Nüssen oder anderen Zutaten kannst du leckere Krea-

tionen zubereiten. Sei sicher, niemandem wird auffallen, dass das Mehl fehlt.

OHNE WAAGE

Nicht jede*r hat eine Waage zuhause und möchte sich einfach mal so ohne Waage ans Backen herantrauen. Für dich habe ich leckere Rezepte mit einer klassischen Tasse entwickelt – einfache Nussmuffins oder leckere Desserts zum Beispiel.

OHNE RÜHRGERÄT

Du hast schon das ein oder andere Rezept aus den vorherigen Kategorien ausprobiert? Dann hast du bestimmt gesehen, dass du für viele Rezepte kein Rührgerät benötigt hast. Und auf den folgenden Seiten geht es gleich weiter mit Rezeptinspirationen. Von leckeren Streuselkeksen mit Schokoladendrops über weihnachtlichen Crumble hin zu einem so leckeren wie einfachen Pflaumen-Cobbler.

OHNE BACKFORM

Für meine Grundrezepte empfehle ich eine klassische Springform oder eine Kastenform. Du kannst jedoch auch problemlos ohne Backform Kuchen backen – z.B. Kardamom-Zimtschnecken, Schokomuffins im Glas, Blechkuchen-Variationen oder Marmorcookies.

PFLAUMEN COBBLER

VEGAN

OHNE RÜHRGERÄT

35—40 min Backzeit
20 min Zubereitung
1 Auflaufform Ø 26 cm/eckige Form

ZUTATEN TEIG:

180 g Mehl
(plus Mehl zum Arbeiten)
80 g veganer Joghurt
70 g kalte vegane Butter
30 ml Pflanzenmilch
60 g Zucker
1 Pkg. Bourbon-Vanillezucker
1 Prise Salz
1,5 TL Backpulver

ZUTATEN PFLAUMEN:

700 g entkernte Pflaumen
30 g brauner Zucker
1 EL Zimt
1 Prise Salz
1 EL Speisestärke
Öl für die Form

AUSSERDEM:

1 Handvoll gehobelte
Mandeln

ZUBEREITUNG:

1. Pflaumen waschen, in schmale Spalten schneiden und mit Zucker, Zimt, Salz und Stärke vermischen. In eine geölte Auflaufform geben und für ca. 12 Minuten im auf 160 °C Heißluft vorgeheizten Ofen backen.

2. Alle Zutaten für den Teig miteinander verkneten (mit den Händen oder mit den Knethaken des Handrührgeräts), bis sich eine feinkrümelige Masse gebildet hat.

3. Pflaumen aus dem Ofen nehmen. Teig in ca. 6 gleich große Teile teilen (falls der Teig zu weich ist, die Arbeitsfläche etwas bemehlen). Leicht plattdrücken und auf den Pflaumen verteilen. Gehobelte Mandeln darüberstreuen. Ca. 35–40 Minuten im auf 160 °C Heißluft vorgeheizten Ofen goldbraun backen.

Am allerbesten warm genießen mit frisch geschlagener veganer Sahne oder veganem Eis!

GLUTENFREIE SCHOKO TARTE

 OHNE WAAGE

 OHNE MEHL/GLUTEN

30 min Backzeit
15 min Zubereitung
1 Kuchenform Ø 26–28 cm

ZUTATEN:

1 Pkg. Butter (250 g)
2 Tafeln Zartbitterschokolade
(200 g)
3 zimmerwarme Eier
1 Prise Salz
1 Pkg. Bourbon-Vanillezucker
1 Prise Zimt
⅓ Tasse Zucker (ca. 70 g)
1 Tasse gemahlene Mandeln
(ca. 100 g)
etwas Puderzucker

ZUBEREITUNG:

1. Butter mit Schokolade über dem Wasserbad schmelzen und beiseitestellen.

2. Die Eier mit Salz, Vanillezucker, Zimt und Zucker ca. 5 Minuten schaumig schlagen. Dann kurz die Schoko-Butter unterrühren. Zum Schluss die gemahlenen Mandeln schnell unterrühren.

3. Den Kuchen ca. 30 Minuten im auf 160 °C Heißluft vorgeheizten Ofen backen. Abkühlen lassen und dann mit Puderzucker bestreuen.

ERDBEER RHABARBER GALETTES

45 min Backzeit
20 min Zubereitung
ca. 8 Galettes ca. 12 cm Ø

ZUTATEN TEIG:

200 g Mehl
(plus Mehl zum Arbeiten)
50 g gemahlene Haselnüsse
4 EL Zucker
1 Pkg. Bourbon-Vanillezucker
1 Prise Zimt
1 Prise Salz
150 g kalte vegane Butter
ca. 75 ml eiskaltes Wasser

ZUTATEN FÜLLUNG:

300 g Rhabarber
250 g Erdbeeren
½ TL Zimt
1 Prise Bourbon-Vanille, gemahlen
2 EL brauner Zucker

AUSSERDEM:

2 EL Haselnüsse, gemahlen
2 EL pflanzliche Sahne
50 g Mandeln, gehobelt

ZUBEREITUNG:

1. Für den Boden Mehl, Haselnüsse, Zucker, Vanillezucker, Zimt und Salz vermischen. Die kalte vegane Butter in kleinen Stückchen dazugeben und alles kurz verkneten (am besten zuerst mit den Knethaken und dann mit den Händen), bis der Teig einigermaßen zusammenhält. Wasser hinzugeben und den Teig kurz fertig kneten, zu einer Kugel formen, in Folie einpacken und für mindestens 45 Minuten in den Kühlschrank geben.

2. Für die Füllung Erdbeeren waschen und vierteln. Rhabarber waschen, grob schälen und in 2 cm große Stücke schneiden. In einer Schüssel mit Zimt, Vanille und braunem Zucker vermischen.

3. Teig aus dem Kühlschrank nehmen, etwas Mehl auf der Arbeitsfläche verteilen, Teig kurz durchkneten und kreisähnliche Formen (ca. 12 cm Ø) ausrollen, aufs mit Backpapier ausgelegte Backblech legen. Gemahlene Haselnüsse darauf verteilen.

4. Obstfüllung daraufgeben, dabei ca. 2 cm Rand freilassen. Rand der Galettes umklappen und mit pflanzlicher Sahne bestreichen, anschließend gehobelte Mandeln darauf verteilen. Galettes für ca. 45 Minuten bei 160 °C Heißluft im vorgeheizten Backofen backen.

Knete lieber nicht allzu lange, dann bleibt der Teig schön geschmeidig

Du kannst den Teig auch ein paar Tage im Kühlschrank lagern und die Galettes etwas später backen.

Am allerbesten warm genießen!

105

OREO-SCHOKO BLECHKUCHEN

 OHNE RÜHRGERÄT

 VEGAN

 OHNE BACKFORM

25 min Backzeit
15 min Zubereitung
1 Backblech ca. 42 x 30cm

ZUTATEN TEIG:

450 g Mehl
140 g Rohrzucker
100 g Zucker
1 Pkg. Bourbon-Vanillezucker
50 g Backkakao
1 große Prise Salz
3 TL Natron
150 g vegane Zartbitterschokolade
ca. 400 ml Pflanzenmilch
200 ml neutrales Pflanzenöl
2 TL Apfelessig
80 ml sprudeliges Mineralwasser

WEITERE ZUTATEN:

1 Pkg. Oreo-Kekse
(ca. 150 g)

Du kannst z.B. auch noch vegane weiße Schokolade hinzufügen, wenn du den Schokokuchen noch schokoladiger magst!

ZUBEREITUNG:

1. Backblech mit Backpapier belegen. Oreo-Kekse vierteln.

2. Zuerst alle trockenen Zutaten (Mehl, beide Zucker, Vanillezucker, Backkakao, Salz und Natron) in einer Schüssel miteinander vermengen.

3. Schokolade hacken, zusammen mit den flüssigen Zutaten (Pflanzenmilch, Öl, Essig und Mineralwasser) hinzufügen und kurz zu einem Teig verrühren (mit einem Schneebesen oder großem Löffel). Auf das Backblech streichen und mit den geviertelten Oreo-Keksen belegen.

4. 25 Minuten im auf 160 °C Heißluft vorgeheizten Backofen auf der mittleren Schiene backen.

Nur kurz miteinander verrühren für extra fluffigen Schokokuchen!

STREUSEL KEKSE

 OHNE RÜHRGERÄT

 OHNE BACKFORM

20 min Backzeit
20 min Zubereitung
1 Backblech (ca. 12 Streuselkekse)

ZUTATEN:

300 g Mehl
(plus Mehl zum Arbeiten)
80 g Zucker
1 Pkg. Bourbon-Vanillezucker
2 TL Backpulver
1 große Prise Salz
180 g kalte Butter
1 Ei
50 g Schokoladendrops

Du könntest auch noch ein paar Heidelbeeren hinzufügen.

ZUBEREITUNG:

1. Mehl, Zucker, Vanillezucker, Backpulver und Salz in eine Schüssel geben. Die kalte Butter in kleine Stücke schneiden und dazugeben, das Ei hinzufügen.

2. Alles mit den Händen oder den Knethaken des Handrührgeräts zu einem Teig verkneten. In Folie einwickeln und für 15 Minuten im Kühlschrank ruhen lassen.

3. Teig auf der bemehlten Arbeitsfläche mithilfe einer umgedrehten kleinen Schüssel oder eines Glases zu etwa gleich großen Streuselkeksen formen, Mit Schokoladendrops bestreuen. Auf ein mit Backpapier ausgelegtes Blech setzen, ca. 20 Minuten im auf 160 °C Heißluft vorgeheizten Backofen backen.

SCHOKO HIMBEER MUFFINS

OHNE BACKFORM

22–25 min Backzeit
15 min Zubereitung
ca. 12 ofenfeste Gläser, z.B.
Einmachgläser, à ca. 140 ml

ZUTATEN:

150 g Zartbitterschokolade
150 g Butter
(plus Butter für die Gläser)
120 g Puderzucker
1 Msp. Bourbon-Vanille, gemahlen
1 Pkg. Bourbon-Vanillezucker
2 Eier
1 großzügige Prise Salz
200 g Mehl
(plus Mehl für die Gläser)
40 g Kakao
1 TL Natron
1 TL Backpulver
150 ml Milch
250 g frische Himbeeren

Backen ohne Backform!
Wenn du ofenfeste Gläser
im Haus hast, sparst du dir das
Muffinblech und die Papier-
muffinförmchen.

ZUBEREITUNG:

1. Die Zartbitterschokolade in kleine Stückchen schneiden.

2. Die Butter in einem Topf zum Schmelzen bringen und anschließend ein paar Minuten abkühlen lassen. Dann mit Puderzucker,
Vanille, Vanillezucker, Eiern und Salz in einer Schüssel verrühren.

3. Mehl, Kakao, Natron und Backpulver mischen und sieben.
Abwechselnd mit der Milch zum Teig geben und gut verrühren.
Die Hälfte der Schokoladenstücke und 150 g Himbeeren unter den
Teig rühren.

4. Ofenfeste Gläser mit Butter einfetten und mit Mehl bestreuen.
Teig mit einem Löffel einfüllen. Die restlichen Schokoladenstücke
daraufgeben. Gläser auf ein Backblech stellen, in der Mitte des auf
160 °C Heißluft vorgeheizten Backofens ca. 22–25 Minuten backen.
Muffins etwas abkühlen lassen, mit den restlichen Himbeeren
garniert aus den Gläsern löffeln.

Die Gläserkuchen eignen sich
super auch für Takeaway, vom
Picknick übers Büro bis zum
Kindergeburtstag.

KIRSCH SAHNEQUARK

 OHNE WAAGE

 OHNE MEHL/GLUTEN

OHNE BACKOFEN

10 min Kühlzeit
10 min Zubereitung
ca. Gläser à ca. 140 ml

ZUTATEN SAHNEQUARK:

2 Pkg. à 200 g Sahne
2 Pkg. Bourbon-Vanillezucker
2 Pkg. à 250 g Sahnequark
1 EL Zucker

WEITERE ZUTATEN:

½ Glas Kirschen
(680 g Füllmenge, 350 g
Abtropfgewicht)
2 Händevoll glutenfreie
Kekse

Je nach Saison kannst du im Winter z.B. auch glutenfreie Spekulatiuskekse verwenden und unter die Creme noch eine Prise Zimt rühren!

Du kannst natürlich auch klassische Butterkekse verwenden, wenn Gluten kein Problem für dich ist.

ZUBEREITUNG:

1. Kirschen gut abtropfen lassen. Sahne in einer Schüssel mit Vanillezucker steif schlagen.

2. In einer zweiten Schüssel Sahnequark mit Zucker kurz durchrühren. Dann die steif geschlagene Sahne mit einem Schneebesen vorsichtig unterheben.

3. Die Kekse zerbröseln oder klein schneiden.

4. Zuerst ein paar zerbröselte Kekse in Gläser schichten, dann ein paar Löffel der Sahne-Quark-Masse, Kirschen und wieder Sahne-Quark-Masse daraufgeben und ein paar weitere Keksbrösel obendrauf verteilen. Gut gekühlt genießen.

HIMBEER TIRAMISU

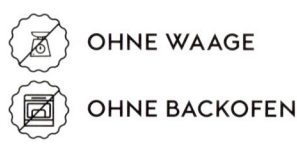
ZUTATEN:

1 Tasse Kaffee oder Espresso
1 Schale Himbeeren (frisch oder
TK, 250 g) zum Pürieren
2 Eier
1 Prise Salz
2 Pkg. Mascarpone (500 g)
1 Becher kalte Sahne (200 g)
2 Pkg. Bourbon-Vanillezucker
¾ Pkg. Löffelbiskuits (350 g)
1 Schale frische Himbeeren (250 g)
½ Tafel weiße Schokolade (50 g)

ZUBEREITUNG:

1. Kaffee/Espresso zubereiten und kühlstellen. In der Zwischenzeit die Himbeeren fürs das Püree pürieren und auf die Seite stellen.

2. Die beiden Eier trennen. Eiweiß mit Salz steif schlagen. Eigelb schaumig rühren, Mascarpone mit einem Schneebesen oder Teigschaber unterrühren.

Durch das Trennen der Eier wird das Tiramisu extra fluffig und cremig.

3. Kalte Sahne mit Vanillezucker in einer extra Schüssel steif schlagen. Dann zuerst das steif geschlagene Eiweiß und danach die Sahne unter die Mascarpone-Eigelb-Masse heben.

4. 1 Schicht Löffelbiskuits in die Auflaufform legen und mit Kaffee beträufeln. Darauf ⅓ der Tiramisu-Creme geben und gleichmäßig verteilen. Dann ⅓ des Himbeerpürees darauf verteilen und die Hälfte der Himbeeren. Eine zweite Schicht Löffelbiskuits darauf verteilen, mit Kaffee beträufeln. Das zweite Drittel der Tiramisu-Creme daraufstreichen, einige Himbeeren und das restliche Himbeerpüree darauf verteilen.

Für eine flauschige Creme am besten mit Schneebesen oder Teigschaber arbeiten.

5. Dann die letzte Schicht Löffelbiskuits daraufgeben, wieder mit Kaffee beträufeln. Die restliche Tiramisu-Creme darauf verstreichen. Restliche Himbeeren darauf verteilen. Zum Schluss noch weiße Schokolade darüberraspeln. Für ein paar Stunden in den Kühlschrank stellen, damit alles schön durchziehen kann.

ZITRONEN BLECHKUCHEN

25 min Backzeit
20 min Zubereitung
1 Backblech ca. 42 x 30cm

ZUTATEN TEIG:

480 g Mehl
240 g Zucker
1 Pkg. Bourbon-Vanillezucker
1 Prise Salz
3 TL Natron
Abrieb von 1 Bio-Zitrone
300 ml Pflanzenmilch
Saft von 2 Zitronen
200 ml neutrales Öl
2 TL Apfelessig
ca. 75 ml sprudeliges
Mineralwasser

ZUTATEN ZITRONENGUSS:

ca. 250 g Puderzucker
2–3 EL Zitronensaft

ZUBEREITUNG:

1. Für den Teig alle trockenen Zutaten (Mehl, Zucker, Vanillezucker, Salz, Natron und Zitronenabrieb) in einer Schüssel miteinander vermengen.

2. Die flüssigen Zutaten (Pflanzenmilch, Zitronensaft, neutrales Pflanzenöl, Apfelessig und Mineralwasser) hinzufügen und alles kurze Zeit mit einem Schneebesen oder großen Löffel zu Teig verrühren.

3. Masse aufs mit Backpapier ausgelegte Backblech streichen. 25 Minuten im auf 160 °C Heißluft vorgeheizten Backofen auf der mittleren Schiene backen.

4. Kuchen ca. 20 Minuten abkühlen lassen. Für den Guss Puderzucker mit Zitronensaft verrühren, sodass ein dickflüssiger Guss entsteht. Über dem Kuchen verteilen, etwas festwerden lassen.

Nur kurz miteinander verrühren für schön fluffigen Zitronenkuchen!

Für extra zitronigen Zitronenkuchen dünn geschnittene Scheiben von unbehandelten Bio–Zitronen auf dem fertigen Kuchen verteilen.

PANNA COTTA

5 Stunden Kühlzeit
15 min Zubereitung
ca. 6–8 Gläser (à ca. 140 ml)

ZUTATEN MASSE:

400 ml Sahne
100 ml Milch
2 EL Zucker
½ TL Bourbon-Vanille, gemahlen
1 Prise Salz
1,5 TL Agar-Agar

WEITERE ZUTATEN:

150 g gefrorene Himbeeren
frische Beeren und Blüten
zum Dekorieren (optional)

Statt TK-Himbeeren passen
auch frische oder andere Beeren
und Früchte sehr gut.

Für Pannacotta verwende ich
gerne die pflanzliche Gelatine-
alternative.

ZUBEREITUNG:

1. Sahne und Milch mit Zucker, Vanille und Salz in einem Topf gut
mit einem Schneebesen verrühren.

2. Aufkochen lassen und bei geringer Hitze unter ständigem Rühren
ca. 2 Minuten köcheln lassen, dann Agar-Agar einrühren. Den Topf
vom Herd nehmen, kurz abkühlen lassen und dann die Masse in
ausgespülte Gläser füllen.

3. Für mindestens 5 Stunden kalt stellen. Aufgetaute Himbeeren
pürieren, durch ein Sieb streichen und auf der Pannacotta verteilen.
Nach Wunsch mit frischen Beeren und Blüten garnieren.

DREI–EISCHWER KOKOS–MANDEL KUCHEN

 **OHNE MEHL/GLUTEN**

50–55 min Backzeit
15 min Zubereitung
1 Kuchenform Ø 26–28 cm

ZUTATEN TEIG:

ca. 190 g Butter
ca. 190 g Zucker
3 Eier (ca. 190 g)
ca. 190 g trockene Zutaten
(150 g glutenfreies Mehl, 20 g
gemahlene Mandeln und 20 g
Kokosraspeln)

optional:
1 Pkg. Bourbon-Vanillezucker
1 Prise Salz
½ TL Prise Zimt

AUSSERDEM:

30 g Mandeln, gehobelt
30 g Kokosflocken, gehobelt
etwas Puderzucker

Bei Eischwer–Kuchen misst man
das Gewicht der Eier und fügt
dann zu gleichen Teilen Butter,
Zucker und Mehl (bzw. trockene
Zutaten) hinzu. Supereinfach
und klappt garantiert!

Dieser Kuchen lässt sich super
variieren, du kannst z.B. noch
Schokolade hinzugeben. Ich
habe einen Teil des Mehls durch
gemahlene Mandeln und Kokos–
raspeln ersetzt.

ZUBEREITUNG:

1. Butter mit Zucker und optional Vanillezucker schaumig rühren.

2. Dann die Eier (optional mit Salz und Zimt) nach und nach unterrühren. Mehl, gemahlene Mandeln und Kokosraspeln unterrühren.
Teig in die mit Backpapier ausgelegte Backform einfüllen. Mit gehobelten Mandeln und Kokosflocken bestreuen.

3. Für ca. 50–55 Minuten im auf 160 °C Heißluft vorgeheizten
Backofen backen. Mit Puderzucker bestreut servieren.

HIMBEER
KEKS
PARFAIT

 OHNE MEHL/GLUTEN

 OHNE BACKOFEN

5 Stunden Kühlzeit
35 min Zubereitung
1 Kastenform 30 cm

ZUTATEN
PARFAITMASSE:

200 g Himbeeren
2 EL Zitonensaft
4 Eigelb
1 Prise Salz
100 g Puderzucker
½ TL Bourbon-Vanille, gemahlen
1 Pkg. Bourbon-Vanillezucker
500 ml Sahne

WEITERE
ZUTATEN:

150 g Himbeeren
60 g glutenfreie Kekse

Zur Weihnachtszeit glutenfreie Spekulatiuskekse verwenden! Wenn Gluten kein Problem für dich ist, kannst du selbstverständlich auch traditionelle Kekse nehmen.

ZUBEREITUNG:

1. Eine Kastenform mit Frischhaltefolie auslegen. Für die Parfaitmasse die Himbeeren waschen. Zitronensaft dazugeben und pürieren.

2. Eigelbe mit der Prise Salz, Puderzucker, Vanille und Vanillezucker über einem Wasserbad schaumig aufschlagen. Sahne schlagen und vorsichtig unter die Eigelb-Beeren-Masse heben. Die Masse in die Kastenform geben, glattstreichen.

3. Himbeerpüree daraufgeben und mit einer Gabel einmal durchziehen, sodass ein Muster entsteht.

4. Zum Schluss noch weitere 150 g Himbeeren daraufgeben und mit einer Folie oder einem Deckel abdecken. Mindestens 5 Stunden oder besser über Nacht im Gefrierfach tiefkühlen. Vor dem Servieren kurz antauen lassen, die Kekse darauf zerbröseln und das Parfait in Stücke schneiden.

WHITE CHOCOLATE CHEESECAKE

 OHNE MEHL/GLUTEN

 OHNE BACKOFEN

35 min Zubereitung
1 Kuchenform ca. Ø 26–28 cm

ZUTATEN CHEESECAKEMASSE:

130 g weiße Schokolade
300 ml Sahne
400 g Frischkäse
250 g Mascarpone
2 EL Zitronensaft
Abrieb von ½ Bio-Zitrone
70 g Puderzucker
1 Pkg. Bourbon-Vanillezucker
½ TL Bourbon-Vanille, gemahlen
1 Pkg. Sahnesteif

ZUTATEN BODEN:

200 g glutenfreie
Butterkekse
70 g Butter

AUSSERDEM:

50 g weiße Schokolade
150 g Erdbeeren

Du kannst selbstverständlich auch klassische Butterkekse nehmen, wenn Gluten kein Problem für dich ist.

Wenn die Erdbeerzeit schon vorbei ist, schmeckt der Cheesecake auch mit gefrorenen Beeren herrlich!

ZUBEREITUNG:

1. Die Schokolade über einem Wasserbad schmelzen.

2. Die Sahne vorsichtig in einem Topf erhitzen, bis sie köchelt. Kochend über die Schokolade gießen und mit einem Schneebesen verrühren, bis sie sich vollständig aufgelöst hat. Dann die Mischung zum Abkühlen in den Kühlschrank geben.

3. Backform mit Backpapier auslegen. Die Butterkekse klein hacken. Butter in einem Topf zum Schmelzen bringen, Topf vom Herd nehmen. Kekskrümel und Butter vermischen, mit einem Löffel auf dem Boden der Backform andrücken und für mindestens 30 Minuten im Kühlschrank kühlen.

4. In einer Schüssel Frischkäse, Mascarpone, Zitronensaft und -abrieb sowie Puderzucker, Vanillezucker, Vanille und Sahnesteif ca. 5 Minuten glattrühren, bis die Mischung schön fluffig ist. Dann die Schokoladen-Sahne-Mischung nach und nach mit unterrühren. Den Boden aus dem Kühlschrank nehmen und die Creme darauf verstreichen.

5. Den Cheesecake mindestens 5 Stunden oder besser über Nacht kalt stellen. Mit frischen Erdbeeren und gehobelter weißer Schokolade dekoriert servieren.

GLUTENFREIER KÄSEKUCHEN

 **OHNE MEHL/GLUTEN**

65–70 min Backzeit
20 min Zubereitung
1 Kuchenform Ø 26–28 cm

ZUTATEN:

200 g Sahne
5 Eier
700 g Magerquark
100 g Schmand
120 g Zucker
Abrieb und Saft von 1 Bio-Zitrone
¼ TL Bourbon-Vanille, gemahlen
1 Pkg. Vanillepuddingpulver
40 g Puderzucker

ZUBEREITUNG:

1. Die Sahne steif schlagen. Die Eier trennen. Die Eigelbe mit dem Magerquark, der geschlagenen Sahne, Schmand, 100 g Zucker, Zitronenabrieb und -saft, Vanille und Vanillepuddingpulver verrühren.

2. Die Eiweiße mit dem restlichen Zucker cremig schlagen und vorsichtig unter die Quarkmasse heben. Die Mischung in die mit Backpapier ausgelegte Form füllen.

3. Den Käsekuchen ca. 65–70 Minuten im auf 160 °C Heißluft vorgeheizten Ofen backen. Nach Ende der Backzeit Ofen ausschalten und den Käsekuchen noch ein wenig im Ofen stehen lassen. Nach ca. 10 Minuten aus dem Ofen nehmen und auskühlen lassen.

4. Aus der Form trennen, mit reichlich Puderzucker bestäuben und genießen!

ERDBEER CRÊPETORTE

25 min Zubereitung
1 beschichtete Pfanne Ø ca. 28 cm
(ca. 12 Crêpes)

ZUTATEN CRÊPES:

300 g Mehl
3 EL Zucker
1 Pkg. Bourbon-Vanillezucker
1 Prise Salz
3 Eier
400 ml Milch
100 ml sprudeliges Mineralwasser
Öl für die Pfanne

WEITERE ZUTATEN:

400 g Erdbeeren
400 ml Sahne
1 Pkg. Bourbon-Vanillezucker
5 EL Erdbeermarmelade

Du kannst auch verschiedene Beeren miteinander mischen.

ZUBEREITUNG:

1. Zuerst die Crêpes zubereiten. Mehl mit Zucker, Vanillezucker und Salz vermischen. Eier und Milch hinzufügen und alles mit einem Schneebesen oder dem Handrührgerät zu einem glatten Teig verrühren.

2. In eine dünn mit Öl ausgestrichene beschichtete Pfanne geben, gerade soviel, bis der Boden bedeckt ist, und ca. 2–3 Minuten bei mittlerer Hitze auf jeder Seite braten.

3. Die Crêpes auskühlen lassen. Erdbeeren waschen und ⅔ davon in Scheiben schneiden. Sahne mit Vanillezucker steif schlagen. Erdbeeren waschen, das Grün entfernen, Erdbeeren abtrocknen und den Großteil in dünne Scheiben schneiden.

4. Den ersten Crêpe auf einen Teller legen, etwas Marmelade daraufstreichen, darauf etwas Sahne verstreichen. Mit ein paar Erdbeerscheiben belegen, nächsten Crêpe darauflegen und fortfahren, bis alle Crêpes gestapelt sind. Obendrauf mit Sahne bestreichen und die restlichen Erdbeeren im Ganzen oder halbiert darauflegen. Ca. 30 Minuten kühlen und dann genießen.

MOUSSE AU CHOCOLATE

 OHNE MEHL/GLUTEN

 OHNE BACKFORM

 OHNE BACKOFEN

2 Stunden Kühlzeit
20 min Zubereitung
1 große Schüssel oder ca.
10 Gläser (à ca. 140 ml)

ZUTATEN MOUSSE-MASSE:

250 g Zartbitterschokolade
4 Eier
1 Prise Salz
350 ml Sahne
60 g Zucker
½ TL Bourbon-Vanille, gemahlen
3 EL kochendes Wasser

WEITERE ZUTATEN:

50 g Schokolade, geraspelt

ZUBEREITUNG:

1. Die Zartbitterschokolade über dem Wasserbad erhitzen, bis sie geschmolzen ist. Vom Herd nehmen und ca. 10 Minuten abkühlen lassen.

2. Eier trennen. Eiweiß mit Salz steif schlagen. Sahne in einer extra Schüssel ebenfalls steif schlagen. Kühlstellen.

3. Eigelb, Zucker und Vanille in einer Schüssel mit dem Rührgerät oder Schneebesen cremig schlagen, dabei löffelweise kochendes Wasser dazugeben. Geschmolzene Schokolade hinzufügen und einrühren, bis eine homogene braune Masse entsteht.

4. Zuerst den Eischnee, dann geschlagene Sahne vorsichtig unter die Masse heben. Danach für mindestens 2–3 Stunden in den Kühlschrank stellen. Mit frisch geraspelter Schokolade garniert servieren.

EINFACHE NUSS MUFFINS

 **OHNE WAAGE**

30 min Backzeit
10 min Zubereitung
ca. 12 Muffins (Papiermuffinförmchen
und Muffinblech)

ZUTATEN TEIG:

2 Eier
½ Tasse Zucker (ca. 130g)
1 Pkg. Bourbon-Vanillezucker
1 TL Zimt
Abrieb von ½ Bio-Zitrone
½ Tasse Milch (ca. 150 ml)
½ Tasse Öl (ca. 150 ml)
1 Tasse Mandeln, gemahlen
(ca. 100 g)
1,5 Tassen Mehl (ca. 200 g)
½ Pkg. Backpulver

WEITERE ZUTATEN:

50 g Mandeln, gehobelt

Du kannst die Muffins auch ganz
einfach mit Einmachgläsern
(s. S. 110) backen.

Sehr lecker: einen Apfel schälen,
klein schneiden und unter den
Teig rühren.

ZUBEREITUNG:

1. Für den Teig alle Zutaten mit Hilfe einer Tasse in etwa abmessen. Zuerst die Eier mit Zucker, Vanillezucker, Zimt und Zitronenabrieb ein paar Minuten schaumig rühren. Dann abwechseln Milch, Öl, gemahlene Mandeln, Mehl und Backpulver unter den Teig rühren.

2. Ein Muffinblech mit Papier-Muffinförmchen füllen. Förmchen zu ¾ mit Teig befüllen, mit den gehobelten Mandeln bestreuen.

3. Im vorgeheizten Backofen bei 160 °C Heißluft für ca. 30 Minuten goldbraun backen.

GLUTENFREIES MANDEL-SCHOKO BANANENBROT

 OHNE MEHL/GLUTEN

VEGAN

55 min Backzeit
15 min Zubereitung
1 Kastenform 30 cm

ZUTATEN TEIG:

3 EL Leinsamen, gemahlen
5 sehr reife Bananen
300 g glutenfreie feine
Haferflocken
70 g Mandeln, gemahlen
80 g brauner Zucker
1 Pkg. Bourbon-Vanillezucker
80 g Mandelmus
3 TL Backpulver
1 TL Natron
1,5 EL Apfelessig
1 TL Bourbon-Vanille, gemahlen
¼ TL Salz
80 g vegane Zartbitterschokolade

WEITERE ZUTATEN

ca. 50 g Mandeln, gehobelt
2 weitere Bananen

Du kannst auch noch gehackte Nüsse unterheben oder noch mehr Schokolade, wenn du magst!

ZUBEREITUNG:

1. Leinsamen mit 6 EL Wasser verrühren und 5–10 Minuten quellen lassen.

2. Kastenform mit Backpapier auslegen. Bananen mit einer Gabel in einer Schüssel zerdrücken.

3. Alle Zutaten für den Teig bis auf die Zartbitterschokolade in eine Schüssel geben, kurz miteinander verrühren. Zartbitterschokolade grob hacken und unterrühren.

Rühre nicht zu lange, dann wird dein Bananenbrot schön fluffig.

4. Teig in die Kastenform einfüllen und mit gehobelten Mandeln bestreuen. Bananen für die Garnitur halbieren und auf den Teig legen. Bananenbrot für ca. 55 Minuten im heißen Ofen backen. Aus dem Ofen nehmen, ca. 20 Minuten in der Form abkühlen lassen, dann vorsichtig herauslösen. Noch etwas abkühlen lassen und erst dann anschneiden.

Lass das Bananenbrot vor dem Anschneiden abkühlen, dann zerfällt es beim Schneiden nicht so leicht.

MARMOR COOKIES

 OHNE RÜHRGERÄT

 VEGAN MÖGLICH

 OHNE BACKFORM

12 min Backzeit
10 min Zubereitung
1 Backblech

ZUTATEN:

160 g weiche Butter
160 g brauner Zucker
⅓ TL Bourbon-Vanille, gemahlen
3 Prisen mittelgrobes Salz
190 g Mehl
½ TL Natron
180 g Zartbitterschokolade
40 g Kakao

ZUBEREITUNG:

1. Butter mit dem braunen Zucker, Vanille, 2 Prisen Salz, Mehl und Natron zu einem Teig kneten.

2. Schokolade in kleine Stücke schneiden. Mit einem Löffel grob unter den Teig mischen.

3. Teig halbieren, in die eine Hälfte Kakao dazugeben.

4. Nach Belieben etwas vom dunklen und vom hellen Teig nehmen, miteinander verbinden und Kugeln formen. Aufs Backblech legen und nur leicht flachdrücken.

5. Im auf 160 °C Heißluft vorgeheizten Ofen 12 Minuten backen. Danach noch die letzte Prise Salz über die Kekse streuen. Kekse mindestens 10 Minuten auf dem Blech festwerden lassen und dann genießen.

Für die vegane Variante nimm vegane Butter und vegane Schokolade

Du kannst auch nach Belieben deine Lieblingsschokoladen–sorten mischen!

Die Kekse sind direkt nach dem Backen noch etwas weich, werden aber nach kurzem Auskühlen fester.

ENGELS AUGEN PLÄTZCHEN

 OHNE RÜHRGERÄT

 OHNE BACKFORM

12–15 min Backzeit
35 min Zubereitung
1,5 Backbleche

ZUTATEN TEIG:

300 g Mehl
(plus Mehl zum Arbeiten)
70 g gemahlene Haselnüsse
80 g Zucker
1 Prise Bourbon-Vanille, gemahlen
1 Pkg. Bourbon-Vanillezucker
1 Prise Salz
Abrieb von ½ Bio-Zitrone
2 Eigelb
200 g kalte Butter

WEITERE ZUTATEN:

ca. 50 g Puderzucker
ca. 250 g Johannisbeer-
marmelade zum Füllen

Du kannst die Engelsaugen auch mit Mandelmus füllen!

ZUBEREITUNG:

1. Mehl, gemahlene Haselnüsse, Zucker, Vanille, Vanillezucker, Salz, Bio-Zitronenabrieb in eine Schüssel geben. In die Mitte die Eigelb geben und die Butter in kleinen Stücken darauf verteilen.

2. Alle Zutaten mit den Händen oder alternativ mit den Knethaken des Handrührgeräts zu einem Teig kneten.

3. Teig für etwa 1–2 Stunden im Kühlschrank ruhen lassen. 2 Backbleche mit Backpapier auslegen.

4. Aus dem Teig kleine Kugeln formen, etwas plattdrücken, aufs Backblech setzen. Mit einem in Mehl getauchten Kochlöffelstiel Löcher in die Kugeln formen. Im auf 160 °C Heißluft vorgeheizten Backofen 12–15 Minuten backen.

5. Kurz abkühlen lassen, dann mit einem Sieb Puderzucker darüberstreuen. Die Marmelade glattrühren und mit einem kleinen Teelöffel in die Vertiefungen der fertig gebackenen Engelsaugen füllen.

KLEINE SPEKULATIUS NUSSSTOLLEN

30 min Zubereitung
40 min Backzeit
1 Backblech (4 Stollen)

ZUTATEN TEIG:

170 g Butter
130 g Zucker
2 Eier
½ TL Spekulatius-Gewürzmischung
Abrieb von je ½ Bio-Orange und Bio-Zitrone
1 Prise Salz
500 g Mehl
1 Pkg. Backpulver
250 g Magerquark

ZUTATEN FÜLLUNG:

150 g Mandeln, gemahlen
150 g Haselnüsse, gemahlen
60 g Gewürz-Spekulatius
200 ml Milch
1 TL Spekulatiusgewürz
½ TL Zimt
Mark von ½ Vanilleschote
Abrieb von ½ Bio-Zitrone
100 g brauner Zucker
1 Eiweiß

AUSSERDEM:

70 g Butter
Puderzucker

Du kannst bei den Gewürzen variieren! Die klassische Spekuliatius-Gewürzmischung besteht aus folgenden Zutaten: Zimt, Orangenschalen, Zitronenschalen, Kardamom, Nelken, Koriander, Muskatnuss.

ZUBEREITUNG:

1. Für den Stollenteig Butter und Zucker schaumig rühren. Eier, Gewürz, Abrieb und Salz unterrühren. Mehl mit Backpulver mischen und zur Buttermasse sieben, Quark dazugeben und alles zu einem glatten Teig verkneten.

2. Für die Füllung Mandeln und Nüsse auf einem Backblech bei 160 °C Heißluft 8 Minuten rösten. Spekulatius hacken. In einer Schüssel Milch mit Gewürz, Zimt, Vanillemark, Abrieb und Zucker verrühren. Nüsse und die Spekulatius ebenfalls unterrühren. Eiweiß steif schlagen und unterheben.

3. Den Teig auf einer bemehlten Arbeitsfläche zu einer Rolle formen und in 4 gleich große Teile teilen. Die Stücke nochmal etwas durchkneten und dann jeweils ca. 25 x 20 cm groß ausrollen.

4. Füllung daraufstreichen, dabei einen 3 cm breiten Rand freilassen. Die Teigstücke jeweils von beiden Seiten her zur Mitte hin zu einer Rolle aufrollen, die Enden mit Daumen und Zeigefinger etwas nach unten drücken für die typische Stollenform.

Gegebenenfalls mit Alufolienstücken Trenner formen und zwischen die Stollen legen, sodass diese perfekt ihre Form behalten und nicht zusammenkleben.

5. Blech mit Backpapier belegen, die Stollen mit Abstand darauf legen. Im vorgeheizten Ofen bei 160 °C Heißluft auf der 2. Einschubleiste von unten ca. 40 Minuten backen.

6. Währenddessen Butter zerlassen. Die fertigen Stollen noch heiß sofort großzügig damit bestreichen und mit Puderzucker besieben.

Die leckeren Spekulatius-Quarkstollen brauchen keine Lagerzeit und können bereits nach ein paar Stunden angeschnitten werden.

ZIMT–APFEL KÜCHLEIN AUS DER PFANNE

 OHNE BACKFORM

OHNE BACKOFEN

20 min Zubereitung
ca. 20 Küchlein
1 beschichtete Pfanne Ø ca. 28 cm

ZUTATEN TEIG:

3 Eier
1 Prise Salz
220 g Mehl
150 ml Milch
50 ml sprudeliges Mineralwasser
2 Pkg. Bourbon-Vanillezucker
1 EL Zucker
1 Prise Zimt

WEITERE ZUTATEN:

2 TL Zimt
40 g brauner Zucker
1 Pkg. Bourbon-Vanillezucker
5 Äpfel
Butter zum Braten

ZUBEREITUNG:

1. Die Eier trennen. Eiweiß mit Salz steif schlagen. Eigelb mit Mehl, Milch, Mineralwasser, Vanillezucker, Zucker und Zimt ein paar Minuten schaumig rühren. Dann Eiweiß mit einem Schneebesen vorsichtig unter die Eigelb-Masse heben.

2. Zimt mit braunem Zucker und Vanillezucker mischen. Mischung zur Seite stellen.

3. Äpfel waschen und das Kerngehäuse mit einem Apfelausstecher oder vorsichtig mit einem Messer entfernen. Äpfel in möglichst gleichmäßige Scheiben schneiden.

4. Butter in einer Pfanne erhitzen. Die Apfelscheiben im Teig wenden und in die heiße Pfanne geben (je nach Größe max. 6 Scheiben auf einmal). Von beiden Seiten goldgelb backen, dann kurz in der vorbereiteten Zimt-Zucker-Mischung wenden.

Am allerbesten warm aus der Pfanne genießen!

143

NUSS SCHNECKEN KEKSE

OHNE BACKFORM

13–15 min Backzeit
15 min Zubereitung
1 Backblech

ZUTATEN TEIG:

220 g Mehl
(plus Mehl zum Arbeiten)
½ TL Zimt
½ TL Backpulver
80 g Puderzucker
1 Pkg. Bourbon-Vanillezucker
1 Prise Salz
1 Ei
70 g weiche Butter
50 g Frischkäse

ZUTATEN FÜLLUNG:

60 g Butter
1 TL Zimt
1 TL Spekulatiusgewürz
½ TL Bourbon-Vanille, gemahlen
40 g brauner Zucker
40 g Mandeln, gemahlen
40 g Haselnüsse, gemahlen

ZUBEREITUNG:

1. Alle Zutaten für den Teig in eine Schüssel geben. Mit den Knethaken des Handrührgeräts durchkneten und zum Schluss noch mit den Händen zu einem Teig formen.

2. Die Butter für die Füllung in einem Topf langsam erhitzen, bis sie flüssig ist. Teig auf einer bemehlten Arbeitsfläche ausrollen, mit der flüssigen Butter bestreichen. Zimt, Spekulatiusgewürz, Vanille und braunen Zucker vermischen, auf dem Teig verteilen.

3. Teigplatte von der langen Seite her vorsichtig aufrollen und anschließend in ca. 2 cm breite Streifen schneiden. Kekse aufs mit Backpapier ausgelegte Backblech legen und ca. 13–15 Minuten im vorgeheizten Ofen bei 160 °C Heißluft backen.

Nach dem Auskühlen nach Belieben mit Puderzucker bestreuen.

SPEKULATIUS WINTER CRUMBLE

 OHNE RÜHRGERÄT

 VEGAN

30 min Backzeit
10 min Zubereitung
1 Auflaufform

ZUTATEN CRUMBLE:

60 g vegane Spekulatiuskekse
150 g vegane Butter
80 g brauner Zucker
40 g weißer Zucker
50 g Mandeln, gemahlen
250 g Mehl
1,5 TL Zimt
1 große Prise Salz
1 Pkg. Bourbon-Vanillezucker

WEITERE ZUTATEN:

Öl für die Form
600 g gemischte TK-Beeren
60 g Mandeln, gehobelt
etwas Puderzucker

ZUBEREITUNG:

1. Spekulatiuskekse grob zerhacken. Mit den restlichen Teigzutaten mit den Händen zu einem Crumbleteig verkneten.

2. Auflaufform mit Öl einfetten. Gefrorene Beeren in die Auflaufform geben, die Crumblemasse darüber verteilen, mit Mandeln bestreuen.

3. Crumble für ca. 30 Minuten im auf 160 °C Heißluft vorgeheizten Backofen backen, direkt warm aus dem Ofen genießen.

Crumble kannst du natürlich das ganze Jahr über backen und z.B. die Spekulatius weglassen und durch andere Kekse oder durch etwas mehr Mehl ersetzen.

SCHOKO BROWNIE AUS DER PFANNE

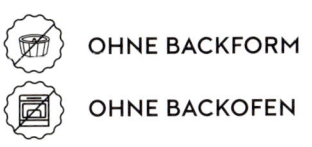

OHNE BACKFORM

OHNE BACKOFEN

20 min „Backzeit"
15 min Zubereitung
1 beschichtete Pfanne
Ø ca. 28 cm mit Deckel

ZUTATEN TEIG:

130 g Butter
2 Eier
1 Prise Salz
150 g Zucker
1 Pkg. Bourbon-Vanillezucker
70 g Mehl
1 TL Backpulver
70 g Kakao
50 g Haselnüsse, gemahlen
1 Schuss sprudeliges Mineralwasser

WEITERE ZUTATEN:

ca. 30 g Butter zum Braten
80 g Walnüsse, grob gehackt
100 g Zartbitterschokolade, gehackt

Kuchen aus der Pfanne — für dieses Rezept brauchst du keinen Backofen, nur eine Herd-platte und eine beschichtete Pfanne mit Deckel.

Du kannst auch noch mehr Schokolade oder andere Nüsse hinzugeben!

ZUBEREITUNG:

1. Butter zerlassen und beiseitestellen. Eier mit Salz, Zucker und Vanillezucker einige Minuten schaumig schlagen. Die zerlassene Butter unterrühren. Mehl, Backpulver, Kakao und gemahlene Haselnüsse mit dem Mineralwasser schnell unter den Teig rühren.

2. Butter in einer beschichteten Pfanne erhitzen. Den Teig hinein-geben und glattstreichen. Die Walnüsse darauf verteilen sowie die Hälfte der Schokolade.

3. Ca. 20 Minuten mit geschlossenem Deckel bei mittlerer Hitze auf dem Herd „backen". Kurz vor Ende der Zeit die restliche Schokolade daraufgeben. Lauwarm genießen oder noch etwas warten und den Brownie auskühlen lassen.

JETZT KANNST DU EINFACH BACKEN!

DEIN GANZ PERSÖNLICHES BACKBUCH!

Ich kann's kaum glauben: Jetzt bist du schon in der letzten Kategorie meines Buches angekommen – zum Glück aber noch nicht am Ende des Buches und vor allem nicht am Ende der Backwelt.

Diese Buch endet im Gegensatz zu anderen Backbüchern nicht mit dem letzten Rezept. Das wäre viel zu schade. Denn ich wollte dir nicht einfach nur meine Rezepte verraten, sondern dir die Möglichkeit geben, mehr daraus zu machen/backen! Mein Wunsch ist, dass wir uns gegenseitig inspirieren können und dass du dank meiner Rezepte, Videos, Fotos, Anleitungen und Tipps ganz einfach in die Welt des Backens eintauchen und sie zu deiner machen kannst. Vielleicht hast du dich durch all meine Rezepte gebacken – das wäre schön! Oder du bist be-

reits Backexperte oder Backexpertin und kombinierst Rezepte untereinander, hattest vielleicht beim Durchblättern schon ein paar Ideen, was du wie abwandeln und ausprobieren möchtest. Du kannst, wenn du magst, die nächsten Seiten dafür nutzen, deine Lieblingsrezepte in diesem Buch festzuhalten.

Das hier ist **DEIN GANZ PERSÖNLICHES BACKBUCH!** Ich bin so gespannt, welche Rezepte du auf den nächsten Seiten notierst und welche Fotos du einklebst. Lässt du mich deine Kreationen wissen? Es würde mich freuen! Vielleicht verschenkst du das Buch mit deinen persönlichen Lieblingsrezepten auch an einen Freund oder eine Freundin und hast damit ein ganz besonderes, individuelles Buchgeschenk.

LIEBLINGSREZEPT:

Backzeit/Zubereitung:

_____

Menge:

_____

ZUTATEN:

ZUBEREITUNG:

Hier ist Platz
für ein Foto

Hier ist Platz
für ein Foto

LIEBLINGSREZEPT:

_____

Backzeit/Zubereitung:

_____

Menge:

_____

ZUTATEN:

ZUBEREITUNG:

Kategorie/n:

 Ohne Backofen

 Ohne Mehl/ Gluten

 Ohne Rührgerät

 Ohne Backform

 Ohne Waage

 Vegan

LIEBLINGSREZEPT:

_____

Backzeit/Zubereitung:

_____

Menge:

_____

ZUTATEN:

ZUBEREITUNG:

Kategorie/n

 Ohne Backofen

 Ohne Mehl/ Gluten

 Ohne Rührgerät

 Ohne Backform

 Ohne Waage

Vegan

Hier ist Platz
für ein Foto

Hier ist Platz
für ein Foto

LIEBLINGSREZEPT:

_____

Backzeit/Zubereitung:

_____

Menge:

_____

ZUTATEN:

ZUBEREITUNG:

Kategorie/n:

 Ohne Backofen

 Ohne Mehl/ Gluten

 Ohne Rührgerät

 Ohne Backform

 Ohne Waage

 Vegan

DANK AN

DIE TOLLSTEN LESERINNEN UND LESER, die mich seit Jahren mit meinen Rezepten auf meinem Foodblog teigliebe.com begleiten.

DIE BESTEN FREUNDINNEN, FREUNDE UND FAMILIE fürs Kuchenprobieren, Handmodelsein und großartige Unterstützen.

CHRISTINE von „Annodazumal", dass ich mit ihren tollen Fundstücken und in ihrem schönen Garten Fotos machen durfte.

FOTOGRAFIN LISA HANTKE für die Unterstützung mit einem sehr schönen und erfolgreichen Shootingtag.

DIE LIEBEVOLLE FOODSTYLISTIN Barbara Emmel von foodpropsmuenchen fürs Beraten und Leihen ihrer tollen Food-props mit viel schöner Keramik von kleinen Töpfereien und auch Motel-a-miio.

STEFANIE, Programmleiterin Kochen & Genießen beim Brandstätter Verlag, für ihr großes Vertrauen in mein Buchprojekt und die schöne Zusammenarbeit.

LEKTORIN ELSE für die tolle und hilfreiche Unterstützung!

SEHR VIELE WEITERE TOLLE MENSCHEN, die mich bei meinem Backbuch sehr inspiriert und unterstützt haben!

REGISTER

DU KANNST SO EINFACH KUCHEN BACKEN!
Hier findest du alle Grundteige und Rezepte. Die traditionellen und die veganen, dann eine Übersicht aller Rezepte ohne

Rührgerät, Backform, Backofen, Mehl/Gluten oder Küchenwaage.
So kannst du auf einen Blick das für dich perfekte Rezept für jeden Anlass aussuchen. Viel Freude dabei!

GRUNDTEIGE & KUCHEN

VEGAN ODER LEICHT VEGAN ABWANDELBAR

REGISTER

EINFACH BACKEN OHNE ...

OHNE BACKFORM

OHNE BACKOFEN

IMPRESSUM

LIEBE LESERIN, LIEBER LESER,

Hat euch dieses Buch gefallen? Möchtet ihr mit der Autorin in Kontakt treten? Wir freuen uns auf Austausch und Anregung!

leserbrief@brandstaetterverlag.com
+43 1 512 15 430
Brandstätter Verlag
Wickenburggasse 26, 1080 Wien

WIR SAGEN DANKE.
BLEIBEN WIR IN VERBINDUNG!
LASST EUCH INSPIRIEREN!

#teigliebe #backenmitanna

Gute Geschichten, schöne Geschenkideen auf www.brandstaetterverlag.com

1. Auflage
Alle Rechte vorbehalten
Copyright © 2022 by Christian Brandstätter Verlag, Wien

Papier: GardaPat 150 gr, 1,1fach Vol.
Designed in Austria, printed in the EU

ISBN 978-3-7106-0570-3

Konzept, Rezepte, Texte, Grafik & Fotos (bis auf die im Folgenden genannten): Anna Röpfl

Porträtfotots S. 2, 5, 9, 84, 150, Backcover: Lisa Hantke; S. 96: Simone Damm; S. 115: Laura Schlömmer
Lektorat: Else Rieger
Projektleitung Brandstätter Verlag: Stefanie Neuhart

WIR TRAGEN VERANTWORTUNG.

Der Inhalt dieses Buchs wurde auf hochwertigem, FSC©-zertifiziertem Papier gedruckt. Das Forest Stewardship Council® ist eine internationale Nichtregierungsorganisation, die weltweit eine umweltfreundliche, sozial gerechte und wirtschaftlich tragfähige Bewirtschaftung der Wälder fördert.
Für die Druckproduktion und Endfertigung wurde auf umweltfreundliche, ressourcenschonende und schadstofffreie Produktionsweisen und Materialien geachtet.
Die Druckerei ist FSC©- und PEFC™-zertifiziert, regelmäßige Audits erfolgen im Rahmen der internationalen Umweltmanagementnorm ISO 14001 (Nr. 35025/C/0001/UK/En).

Diese international anerkannten, unabhängigen und regelmäßig überprüften Standards gewährleisten eine umweltgerechte, sozial verträgliche, nachhaltige und ökonomisch tragfähige Nutzung entlang der gesamten Wertschöpfungskette Holz, vom Baum bis zum Buch.